それでも年金は得だ

若者から高齢者までの年金入門

明治学院大学教授
岡伸一
Shinich OKA

旬報社

はじめに

二〇歳から約四〇年間にもわたって保険料を払い、約二〇年間も老後の所得を支える年金ほど、私たちにとって重要な制度はありません。しかし、その割には、年金への知識は一般に乏しく、とくに若者の関心は低いようです。現にここ数年、年金の未加入者・未納者が増え続けています。若者だけではありません。不況下で保険料を負担するのが難しくなっている中高年者も多いようです。

そんななかでこの本が、これから二〇歳になる若者、知らずに放りだしている学生、フリーター、一時的にせよ失業した人や転職した人、個人起業家など、安定した正規社員以外の多くの人たちの年金への正しい理解に役立てば、これに勝るものはありません。また、働いている女性も専業主婦の方も、この本を読んだうえで、御自分のこれからのスタンスを決めていただければと思っています。定年前後の方にも参考となる資料も盛り込みました。

本書はちょっと変わった年金の入門書です。基礎の理解を中心とし、詳しい解説までは展開していません。年金についてはたくさんの本が出ていますが、本書をきっかけにして、必要に応じてより詳しい専門書につなげていっていただければと思います。また、最近は年金改革が頻繁に行われています。現状に関する最新の本を出版しても、数年で役立たなくなる部分もありますが、本書は年金の本質的な部分を強調した内容になっています。本書を通して著者の言いたいことは、数十年後も色褪せないと確信しています。

二〇一一年に『損得で考える　二十歳からの年金』を出版しましたが、その後、制度も変わり、また、若者だけでなく幅広い年齢層の方に知っていただきたい点もあり、全面的に書きあらためました。多くの読者の手にとっていただけたことは、著者として最高の喜びです。この機会に内容を更新し、大幅に編成しなおして、新しいタイトルの本とし出版することにしました。読者の御意見に耳を傾けたいと思います。

最後に、いつも編集の労をとっていただく真田聡一郎さんに改めて感謝の意を表したいと思います。

二〇一八年一月

白金キャンパスにて

著　者

目次

それでも年金は得だ——若者から高齢者までの年金入門

01 学生からの質問

●入ったほうが得ですか？

社会保障論の講義のときです。主な受講生は大学二年生。つまり、ちょうど一九歳から二〇歳を迎える若者たちが大半です。私は四月の最初の講義で、いきなり国民年金の話を始めます。年間スケジュールでは九月頃に登場する予定の制度ですが、この話を突然始めるのです。

「加入するかしないかは、皆さんの勝手だけれど、状況を理解しておいてください。大人として、自分の立場をはっきりさせておくべきです。納付するなら納付手続きを、納付できないのなら猶予あるいは免除の手続きをしておかなければなりません。何もしないで放っておくことは、大人の対応ではありません」と強調します。

すると学生から、「入ったほうが得なんですか？」と尋ねてくることがしばしばあります。あまり歓迎すべき質問ではありませんが、そんな質問が毎年繰り返されます。大学生にとって、一万六〇〇〇円余りの保険料を毎月支払うには大きな決断が必要でしょう。親が負担するにしても、ちょうど子どもが大学生になって、教育費もピークの時期にさしかかっています。親も自分の老後が見え隠れしていますから、この時期になぜ子どもの老後の負担までしなければならないのか、できればむしろ自分の老後の準備をしたいはずでしょう。

大方の学生は、「どうせ将来もらう年金の金額が少し安くなるだけでしょう」などと考えているでしょうし、実際にも多くの場合はそうなるでしょう。でも、予想外の状況に陥ることもあります。手続きを怠ったことによって、生涯にわたって取り返しのつかない重大な結果がもたらされる場合があるのです。そのことはあらかじめ知っておいてほしいのです。

たとえば、二〇歳を過ぎて加入手続きをしていない若者が、ある日突然、事故に遭って障害者になった場合、障害基礎年金は永久にもらえないことになります。障害という事実が発生した時点で被保険者でなければ、そのあとから申請することはできないのです。もし保険料を払えないとしても、猶予や免除の申請の手続きの用紙を一枚出しておけば、保険料を一円も払わなくても、生涯にわたって障害基礎年金がもらえます。

一級障害の場合、かりに二〇歳で障害になって八〇歳まで生存するとなると、現在の計算式では総額約六〇〇〇万円の年金になります。二〇歳の学生が一度も保険料を払うことなく猶予手続きをしておくか、何も手続きをしないで未加入・未納状況であったかによって、将来は大きく異なります。つまり、この紙切れ一枚（猶予申請）を出すか出さないかで、約六〇〇〇万円が支給されるか一円も支給されないかが決まってしまうのです。この権利を放棄してよいのでしょうか。このことを言うために、四月の第二週の最初の講義で学生に理解を求めるのです。次週の講義のときには、もう二〇歳を過ぎて手遅れになる学生がいるかもしれませんから。

成人になるということは自己責任が求められることであり、社会保障においてもきわめて重要な意味があります。二〇歳までは強制適用になっていないため、何の手続きもなしに、給付の適用を受けることになりますが、二〇歳の誕生日を迎えた瞬間から、自己責任が問われることになります。申請主義の原則により、社会保障給付は申請にもとづいて処理されるのです。つまり、申請しない者は保護されません。自分と家族の生活を守るために、この点は最低限理解してほしいのです。

「知らなかった」では、もう済まされないのです。知らなかったことは、本人の過失であり、自己責任となります。

【申請主義】日本の社会保障制度において、給付や各種措置に関しては申請にもとづいて処理されます。逆に言えば、申請しない限り、必要があり受給権があっても給付が行われないことになります。しかも、申請期間を設定している場合もあります。このため、条件を満たし、受給権が認められるべき人であっても、申請されなかったために、給付を受けられないケースが出てきます。

●将来、年金はもらえるんですか？

社会保障制度のなかでも年金は、庶民のあいだで最も関心の高い制度の一つですが、改革続きで、制度の仕組みがどうなっているのかわからないという人も多いようです。
「高齢化社会」が叫ばれて久しいですが、人口高齢化は社会的な危機であると、随所で強調されてきました。それとあわせて、年金財政は近い将来パンクして、私たちの将来は年金が受給できなくなると不安を抱く人も少なくありません。何をもって「財政破綻」というのか必ずしも明らかではありませんが、マスコミの過剰な宣伝もあって、国民のあいだに不安が広がっているように思います。

相次ぐ年金改革で、年金の支給条件は厳しさを増しています。保険料は増える一方なのに、支給率は引き下げられています。また、少子高齢化が進み、若者はますます年金離れを起こしています。これから年金年齢に達する人にとってみれば、自分たちは親の年金を拠出してきましたが、自分たちの年金は子どもたちが拠出してくれないかもしれません。しかも、日本政府の財政事情は厳しく、国債に依存していますから、将来の国民への借金は膨らむ一方です。ギリシャのように経済破綻する国も出ており、次は日本だとの指摘もあります。将来、本当に年金はもらえるのか？　不安は高まる一方です。

日本の年金は複雑なうえに、近年、小刻みに改革が続いていて、数年前まで有していた知識が一つの法律ですぐ役に立たなくなってしまう可能性もあります。政府自体の作成するシナリオも目まぐるしく変わっています。いろいろな利害団体が異なった主張を繰り返してもいます。いったい誰を信じてよいのか、誰もわからない状況にあるのです。

●加入しなければいけないのでしょうか？

年金は、なぜ全員が加入しなければいけないのでしょうか。老後の保障のためと言いますが、それは自分で考えればいいことです。たとえば、病気で長く生きられないことがわかっている人は、老後のために年金保険料を払ってもしょうがないと思うかもしれません。莫大な財産があり、一生暮らしていけるお金持ちの人であれば、社会保障の年金に加入する必要などないと考えるかもしれません。あるいは、何も特別な理由はありませんが、老後のためではなく、今のためにお金を使いたい人は、老後はあえて貧乏生活も厭わないと考える自由が認められてもよいだろうと思うかもしれません。

年金が信頼できるかどうかわからないのに、なぜ選択の余地なく強制適用なのか、任意加入にすべきだ、との意見があります。実際、加入していない人はたくさんおり、これに対して何も罰則がありません。将来、年金がもらえないことを覚悟していれば、加入しなくてよいということではないのでしょうか。

高額所得者にとっては、年金はもはや老後の所得保障として不可欠の存在ではありません。十分な老後の蓄えがある人にすれば、公的年金の強制は迷惑な話ではないでしょうか。高齢でも働き続けている高額所得者は、最近の年金改革で年金が受給できないことにもなります。彼らにとっては、年金は絶対損な制度となるかもしれません。特定の人にとって必ず損になる制度を強制適用にすることは、正当化できるのでしょうか。

国民年金は全国民に強制適用のはずです。ところが、加入率は低下傾向にあり、保険料を払っている人も、二〇歳代では約二人に一人くらいしかいません。もはや、国民皆年金の基本原則は崩れているのが現実です。かつて、貧しくて保険料が払えない人が未納になっていることは認識されていましたが、今は負担能力とは別に、個人の意思にもとづいて未納、未加入としている人が増えているのです。

ここで税と保険を比べてみると、税の場合、納税の義務は言うまでもなく、違反者には重い罰則が付されています。ところが社会保険では、未納、未加入者に対する罰則規定はほとんどありません。将来、年金がもらえないことになりますが、これは当然であり、罰でもなんでもありません。権利放棄です。

●保険料を払えない人はどうすればよいのでしょうか？

二〇歳から強制加入ということで、親が保険料を払う家庭も多いようです。親に財政的な余裕がない場合、本人しか負担する人はいませんが、老後の年金のために二〇歳からアルバイトをする人は少ないでしょう。

学生だけではありません。ほかにも経済的に困難を抱える人はたくさんいます。経済情勢を理由に解雇される人、倒産した事業主、就職浪人、夫を失った妻、病気や障害になり就労困難な人などです。損か得かで考えるのは、支払い能力のある人の選択肢です。支払えない人にとっては、はじめから議論の余地はありません。また、払えない人と、負担能力はあっても払う意思のない人との線引きも難しくなります。国民年金においては、保険料の徴収を猶予、免除してもらうことができます。近年の未納・未加入者の増加によって、政府は免除措置の対象を広げました。かつては若年者が中心だったのですが、対象年齢や理由に関しても条件を緩和し免除対象を拡大してきました。

具体的には、二〇〇四年の年金改革によって、二〇〇六年から多段階免除制度の導入が決まりました。つまり、それまでの全額免除と半額免除に加えて、状況に応じて四分の三免除、四分の一免除が可能となったのです。さらに、三〇歳未満の第一号被保険者を対象に、独身の場合は本人所得が、既婚者の場合は本人と配偶者の所得が特定水準以下の場合、保険料の納付を免除されることになりました。

ここで重要なことは、免除申請が認められれば被保険者として扱われ、受給権が保持されることです。たとえば、その間に障害になっても、障害年金の受給権が与えられます。未納・未加入から資格を失えば、当然ながら受給権が認められなくなります。保険料が払えない状況にあれば、当然ながら、免除や猶予措置を申請して、権利を保持していくことが、自分の将来のために重要となります。

02 損得ってむずかしい!?

●年金でも損得勘定?

日本人は「損得勘定」が好きな国民ではないでしょうか。私の知る限り、他の国民以上に、物事を見る際に損得を重視することが多いように思います。日本では、ヨーロッパがタブーとしている領域にまで「損得勘定」が横行しています。これは日本にいるとなかなか気づかない点でもあります。

たとえば、北欧諸国などに行くと、その商売っ気のなさに驚くことがしばしばです。お店は遅く始まり、早く閉まります。日の短い国々ということもありますが、それだけではないようです。日本でいう顧客サービスの精神が欠如していることに驚きを感じることがしばしばです。笑顔も乏しいですね。「お客様は神様です」という日本とは、大違いです。私は欧州で約六年半過ごしましたが、家で訪問販売や各種勧誘にお目にかかったことがありません。おそらく商法等で禁止されているのでしょうが、私生活にまではビジネスは立ち入らないのが市民のあいだで暗黙の了解になっているように思われます。これに対し、日本では商売が優先されます。

日本人は「損だ」、「得だ」をよく口にします。しかし、何が「得」で何が「損」か、その判断基準についてはあまり論じられませんし、必ずしも明らかではありません。そこには心理的な側面も大いに働いているようです。たとえば、商品広告で「二割引き」「三割引き」と書いてあると、「三割引き」がそれだけで「得」するように思えてしまいますが、もともとの定価設定が必ずしも明らかではない場合もあります。定価が適正なのか、販売店が勝手につけた定価からの値引きなのかがはっきりしません。「メーカー希望価格」と言っても、実際の業者間の定価は秘密事項です。どうも怪しい「得」だと感じるのは、私だけでしょうか。

多くの場合、損か得かを判断するには比較が必要です。同じ商品の値段をA社、B社、C社で比べてみた場合、一番安い会社で買うのが「得」ということになります。しかし、よく聞いてみると、商品にも類似品があり、同一商品であるか疑わしい場合もあります。毎日同じ値段で同じ商品を販売しているお店が日曜日だけ割引きをするとしたら、日曜日に買うのが「得」ということになります。これはきわめて単純明快ですが、同じ商品のように統一的な基準が設定できない場合も多いですし、バーゲン用の特注商品のこともあります。

●何をもって損とみなすか?

「年金は損でしょうか?」それとも「得でしょうか?」

ある専門家は得だと主張し、別の専門家は損だと主張します。ここで議論の分かれ道となるのは、何をもって損とするかという基準であり、定義でしょう。何かと比べて損なのか、それとも絶対的に損なのか。どういう条件で損得を判断するのかが、決定的に重要となります。

「年金は損か?」という問いに答える際に、「何をもって損と考えるか」が重要になってきますが、実はこの定義が大きな問題です。定義しだいで、答えはどうにでもなります。世間一般で考えられている「損」と、私個人の想定する「損」では違うように思いますが、ここでは自己満足を避けるためにも、世間一般の人が考えるであろう「損」で議論を始めたいと思います。

世の中一般ではおそらく、保険料として拠出した金額と、年金として受給した金額をそれぞれ合計して、どちらが多いかによって損か得かを考えるのでしょう。つまり、年金は一つの商品のように扱われ、買う価値があるかないか、といったところで判断されるのです。そのとき年金は、生涯四〇年以上にわたって毎月購入するのですから、人生最大の買い物ということになります。とくに変わっているのは、購入できるのが40年も後になることです。しかも、獲得できる金額も未定であることです。こうした概念は、年金を評価するうえで必ずしも適切だとは思えませんし、ほかにも価値基準があるのかもしれませんが、本書では、この庶民感覚での一般的な概念に従って論を進めていきます。

一般的に、ある物の損得は、それを獲得するために払った負担と、獲得した物の便益を比較することで判断されます。そうすることによって、AとBを比べてどちらがよいか、どちらが得かを識別することが容易になります。そこで本書でも、「年金は損か」を考察する一つの手段として、類似制度についても「損」か「得」かの検討を行いたいと思います。

物には絶対的な価値と相対的な価値があります。たとえば、コップ一杯の水は喉を潤す価値に変わりはありませんが、日常生活において水道の蛇口を通して得られる水と砂漠の中での水とでは、その価値がまったく異なります。何も労力を費やさずに、容易に手に入れられるものは価値が低いことになりますし、逆に多大な労力を要しなければ得られない物は価値が大きいということになります。同じ物であっても、状況によって、ニーズによって、希少性によって価値が違ってきます。これが経済学で最初に習う価値論です。

●難しい年金の評価

年金を対象に考える場合、一つ大きな問題にぶつかります。年金の便益は最後にならないとわからない、ということです。ところが、みんながみんな、初めて年金に加入する前に損得を知りたがります。このギャップが問題です。負担のほうは、ほぼはっきりしています。これまで払った保険料と、これから払っていく予定の保険料は算出できるのですが、何歳まで保険料を払うかは不確定です。労働生涯において失業するかもしれませんし、海外勤務になるかもしれません。女性であれば、結婚や育児で仕事を辞めるかもしれませんし、再就職するかもしれません。保険料率も、長期にわたるため変更されるでしょう。

他方、将来年金がいくら貰えるかは、まったく予想できません。政府の発表するモデル年金であっても、時間とともに変わっていきます。人口の高齢化や経済情勢などによって、年金額は影響を受けます。個人においては、何歳まで生きるかによって年金額も違ってきます。平均値で推計すれば、それは平均の人の損得になります。また、自分の寿命もさることながら、障害者になる可能性もありますし、女性にあっては夫の寿命にも左右されることもあります。

年金の便益は、結果として過去でなければ確定できないのです。二〇歳の若者が「年金は得でしょうか?」と問う場合、現在の負担は確定していますけれども、受益は期待値にすぎません。しかも、将来のシナリオの数は無数にあります。結局のところ、こうだったら得だ、こうだったら損だということしか言えないのです。どのシナリオが自分に当てはまるのかは、神のみぞ知るですから。

こうした条件のもとで、あえて年金の損得を考察するためには、いくつかの前提条件を設定する以外にありません。たとえば、老齢年金の場合に限定し、障害、遺族のリスクは考慮しないことにします。平均寿命や特定年齢での平均余命で、年金受給期間を設定します。年金算定方法は、現行条件を踏襲します。財政をはじめ、制度設計の基本に変更はないものとします。以上のような前提条件がないと、損得についての議論はできません。つまり、非常に限定的な議論しかできないということです。

●誰にとっての損得なの?

最後に問題となるのは、損得の主体です。年金に限らず、日本の社会保障制度は個人ではなく、世帯を基礎に設計されている部分が少なくありません。社会保障給付には家族への付加給付がありますし、家族の要素を随所で取り入れています。年金に関しても、個人としての利害と、家族としての利害は別のものです。遺族給付もその代表例でしょう。一つの社会制度の評価には、個人のみならず、家族レベルでの考察が必要なのです。

さらに、現在の家族に限らず、年金は世代を超えた契約によって成り立っていますから、先祖から子孫に至るまでの長いスパンで考える必要があります。たとえば、特定の世代が不利益を被ることを理由に年金を廃止することが、将来の子孫にとってもよい選択と言えるかどうかはわかりません。特定世代の人たちの意見にもとづいて制度を廃止してしまえば、廃止直後の世代は年金においてより大きな損害を被る可能性もあります。周知のとおり、年金はスタートしてうまく機能するようになるまで三〇年を要するといわれています。一度終了してしまうと、再構築するにはかなりの困難がともないます。

社会保障は広く市民どうしの連帯がないと完結しません。社会全体が世代を超えた信頼関係にもとづいて支えていかないと、うまく機能しないのです。誰にとっての損得か、再確認が必要です。個人のみならず、家族、先祖や子孫、地域、全国民にとっての損得が考慮されなければなりません。

03 年金はパンクするのでしょうか？

年金を厳しく批判し、「年金は損だ」と主張する論拠を再検討してみましょう。彼らは、高齢社会にあって年金制度は破綻すると言います。論者のなかには、すでに破綻していると言う人もいます。政府の行う社会保障は信用できないというのがその理由で、破綻するかもしれないような信用できない年金であれば、得などするはずもないと言います。

●高齢化が問題なの？

年金否定論の論拠には、「高齢化社会危機説」があります。年金が信用できないという主張は、高齢化社会に入ってから登場しました。では、高齢化社会はなぜ危機なのでしょうか。繰り返し説明されますように、六五歳以上の高齢者人口が増え続ける一方で少子化が進行し、現役労働者の負担が増加するために、その負担に耐えられなくなるからだと言われています。

図1は、日本における年齢階層別の人口を時系列で示しています。二〇一六年以降は推計値になります。七五歳以上、六五歳以上の人口は二〇三〇年あたりからあまり増加していませんが、一四歳以下の人口はさらに減り続けていくように予想されています。一五歳から六四歳の生産年齢人口も減少が続いています。これを受けて、総人口も二〇六五年まで減少を続けてい

［図 1］ わが国の総人口および人口構造の推移と見通し

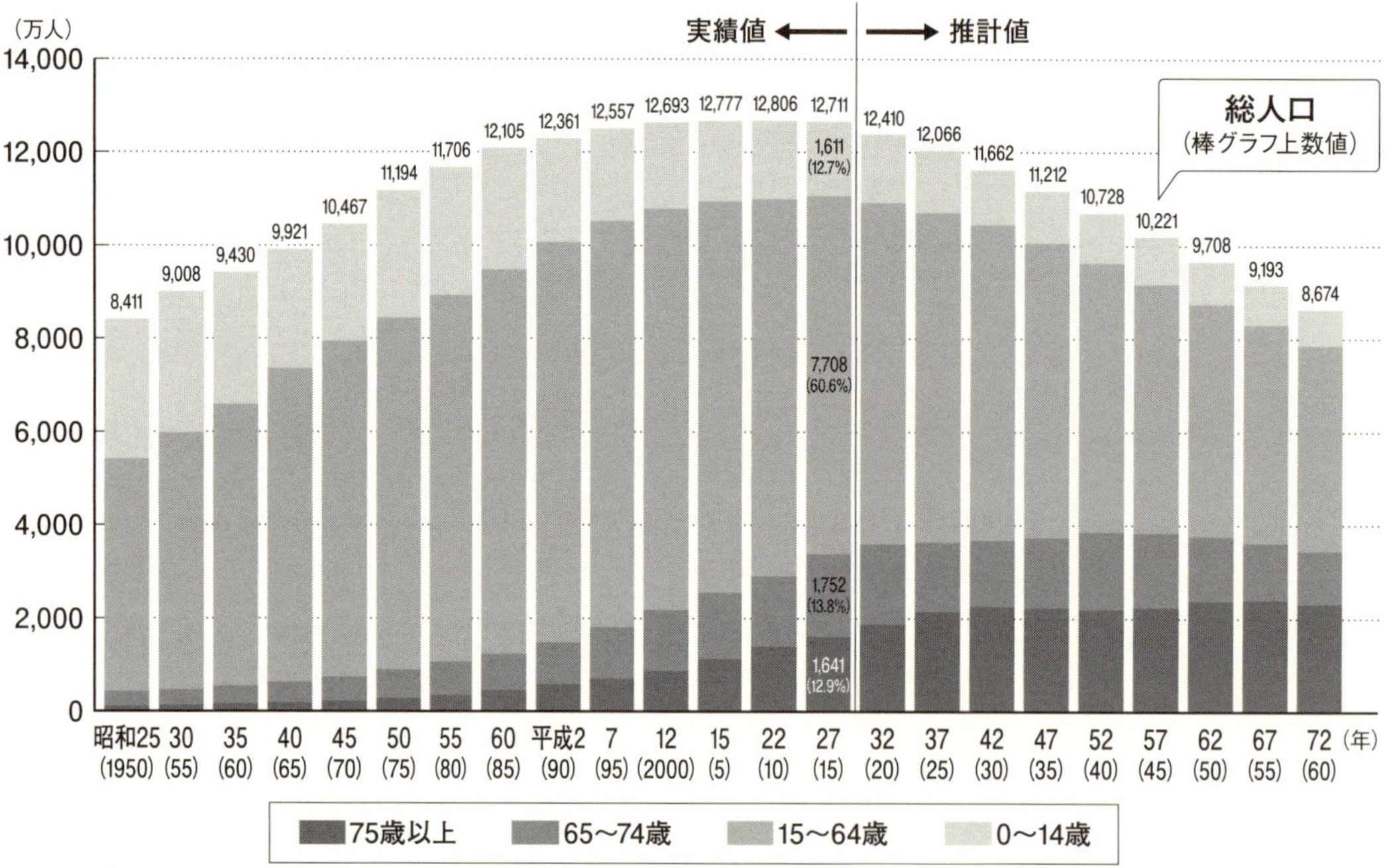

〔出典〕内閣府『少子化社会対策白書』2017 年。【http://www8.cao.go.jp/shoushi/shoushika/whitepaper/measures/w-2017/29webgaiyoh/html/gb1_s1-1.htm1】

ます。

社会保障に関しても、実際、年金に限らず、医療サービスや介護保険、その他社会福祉サービスにおいても、高齢者のための福祉関連施策には莫大な財源が今後も必要となってきます。この現役労働者世代の負担増に社会全体が耐えられなくなったとき、年金制度は破綻するでしょう。しかし、負担が上がるだけで破綻するのでしょうか。欧州の福祉国家の歴史をひもとけば、いつの時代も「現在の社会保障の負担は限界に来ている」と言われながらも社会保障は発展を続け、負担も拡大し続けてきました。それは日本と比べものにならないくらいの重い負担ですが、どこの国の年金も破綻していません。この事実をどう説明すればよいでしょうか。

高齢化社会が問題なのは、負担のバランスが変わることにあります。しかし、あと数十年で人口高齢化がピークに達すると、その後、人口バランスは安定化し、ほとんど変化しなくなるとも予想されています。すでに人口高齢化傾向は後半にさしかかっており、高齢化のピーク時以降は、負担が増えるという現象は見られなくなるようです。もちろん、負担率が高いまま保険料率が維持されるのですから、それ自体問題ではありますが、それまでのような世代間の負担の不均衡と利害対立は自然に緩和されていくでしょう。

戦後七〇年以上が過ぎ、ベビーブーム世代が年金受給年齢に達しています。不謹慎ながらあえて言わせていただくならば、あと二〇~三〇年も経って、ベビーブーム世代の人たちの多くがこの世を去るころには、現在言われているような高齢化社会の問題はだいぶトーンダウンして、過去のものとなるかもしれません。つまり、人口ピラミッドの突出部分がきれいになくなり、「あの騒ぎはいったい何だったのだろう」と振り返れる日が必ず来ます。そして少なくとも、いま繰り返されているような人口問題に起因する年金危機の論拠は色あせていくでしょう。

人口問題をさらに深刻にさせているのが、経済不況です。経済不況が長期化するなかで、その裏づけとなる財源が確保できず、これが社会保障の危機を増幅しています。人口高齢化社会と、長期の経済不況が最悪のタイミングで重なったところに悲劇があります。しかし、一つの技術革新や偶然の出来事が経済情勢の局面を変えることもありえます。新たな高度経済成長期が訪れれば、人口高齢化のマイナス面を一挙に払拭してしまうことも十分可能です。そして、経済情勢がよくなれば出生率にも直接好影響を与えます。経済成長が富を増やし、インフレに転換し、金利も上がれば、年金財政は急激に改善されるでしょう。こうした好循環の局面に入る可能性も十分あるのです。

●雇用システムに問題があるの？

長生きは人類の進歩であり、それ自体決して悪いことではありません。人生が長くなれば元気な高齢者が増えます。人生が長くなっても、働ける期間が今までのように制限されていると、老後に扶養される期間と働く期間のバランスが崩れることは、目に見えています。人生の延長にあわせて労働期間も延長すれば、何の問題も生じないはずです。それができないのは、社会システムに問題があるのです。高齢者本人が可能な限り負担する側にまわれば、高齢化社会は負担の多い危険な社会だと一方的に決めつけるのはおかしいということになります。年金受給者と現役労働者のバランスは、個人のレベルで言えば労働期間と老後期間のバランスに匹敵します。そこで両期間を仕切っているのは退職です。

日本の定年制には非常に問題があります。定年制とは、年齢により強制退職を合法化する制度であり、働く権利の侵害につながります。欧州では、年金年齢以前の強制退職は不当解雇に相当する違法行為とされていますし、アメリカなどでは、定年制は年齢差別に相当し、やはり違法とされています。欧米では認められない定年制が、日本ではまかり通っているのです。定年自体に問題はありませんが、年金支給開始より以前の年齢に定年が設定されることが問題です。

ようやく日本でも、二〇〇四年の高齢者雇用安定法の改正によって、六五歳までの雇用の継続がめざされています。しかし、定年延長ではなくて、勤務延長や再雇用など多様な雇用形態を活用したうえでの措置であり、その間の待遇条件は賃金をはじめとして劣悪であり、問題も多くあります。長年仕事をしてきた労働者が最後に受ける待遇としては、非常にひどい仕打ちだと言えないでしょうか。

人口が高齢化しても、平均寿命の伸びにあわせて年金年齢と退職年齢を引き上げていけば、負担のバランスや世代間の不均衡も大きな問題にはならないはずです。労働可能年齢を高め、長く働ける雇用システムを確立することが、高齢化社会危機を乗り切る有効な手段となります。「高齢化社会危機説」でよく使われるのは、「このままの状態が続けば……」という前提付きの表現です。高齢化社会という新しい社会には、これに応じた新しい社会システムが求められています。旧システムを存続させる限り、問題が生じるのは当然です。前提条件を見直し、新たな条件を構築していくことで、危機はある程度回避できるはずです。

●拡大する負担

年金に話を戻しましょう。なぜ年金は危機なのでしょうか。それは高齢者の数が増え、現役労働者の数が減るため、負担と受益のバランスが崩れるからだと説明されます。つまり、かつては約五人の現役労働者の負担で一人の高齢者の年金を賄ってきたのが、以後は四人で一人、さらに、高齢化のピーク時にはおよそ三人の現役労働者で一人の高齢者を支えなければならなくなるため、その間の現役労働者の負担が急増して、やがて支えきれなくなるというのです。これが年金危機説の論拠です。

しかし、その場合も「このままの状態が続けば……」という前提が付きます。実際には、このままの状態が続くことはなく、しかるべき対策が講じられますし、外的な要因によって条件が変わる場合もあります。

年金制度に限って言えば、年金の支給開始年齢を遅らせることのほか、新たな財源の創設も考えられます。従来の**賦課方式**中心の年金財政において、**積立方式**のウェイトを拡大していくことで、高齢化のインパクトをより低く抑えることもできます。急激な変更は難しくても、時間をかけた暫時的な変更は可能です。厚生年金の民営化、つまり積立方式化も一つの選択肢でしょう。

高齢化社会における負担の拡大は、他の問題にも派生していきます。まず、世代間の利害関係を悪化させることになりました。何年に生まれたかによって、属する世代によって、受給格差が生じるからです。今後も、税金や保険料はますます引き上げられていくでしょう。これから生まれてくる世代は、生まれながらにして最高の負担を強いられ、自分たちが年金受給年齢に達する頃には、比較的低水準の年金しかもらえないことになります。

またもう一方で、いまの高齢者は自分たちが現役労働者だった時代にはまだ年金制度ができていなかったり、晩年に導入されたために、年金財政にはあまり貢献してこなかった人たちもいます。にもかかわらず、受給の際には福祉的な措置によって年金は補助されてきました。このように、世代によって年金をめぐる損得がはっきり分かれる状況にあります。そのため若年者の理解が得られず、年金危機説を煽る結果になっています。

【賦課方式・積立方式】積立方式は、年金保険料を長期にわたり積み立て、年金原資として運営していくものです。退職後は、その原資を取り崩して年金を受給していきます。賦課方式は、現役労働者の保険料をそのままその時点での高齢者の年金に移転させていくものです。現役労働者世代が年金年齢の到達すると、今度は子ども世代の現役労働者が負担する保険料から年金を賄っていきます。賦課方式は、世代間の契約で成り立っています。詳しくは05を参照。

●「変わる」ことへの抵抗感

人口高齢化の衝撃を和らげる方策はいくつかあります。理論的な可能性とは別に、それらの対策がすべて実施できるかどうかはわかりませんが、効果的な対策はあります。それにもかかわらず、将来の問題について、ともすれば私たちは悲観的に考えがちです。

実際、今日の人口高齢化はかなり以前から予想されていました。社会保障や社会福祉領域でも、一九八〇年代以降、このテーマが一挙に盛んに論じられるようになりました。人口高齢化のピークは推計者によって若干異なるものの、当初、ほぼ二〇一五年から二〇二五年あたりが想定されており、すでに人口高齢化の過程は終盤を迎えていたはずでした。そしてこれまでのところ、世の中がひっくり返るような「危機」が訪れたことはありませんでした。たしかにこの間、相次ぐ社会保障改革によって国民の負担は増え、給付水準は抑制されてきました。しかし、もう少し行った先に重大な「危機」が待っているとは思えません。当初の予想よりも少子化が急速に進んだため、高齢化のピークは先送りされていますが、それでもこれから先に急激な状況悪化が訪れるとは考えにくいのはわたしだけでしょうか。

これは社会心理かもしれませんが、社会が変化する前の社会から変化後の社会を見ると、その著しい変化に愕然とすることはありますが、変化後の社会に慣れてしまうと、それが当たり前に思えてきて、違和感は覚えなくなるものです。やがて「あの騒ぎはなんだったのか」と思える日がくるでしょう。人類はいつの時代も、そのようにして進歩を遂げてきました。

たとえば、介護保険が導入された当時、「人の世話にはなりたくない」といった、制度への反発が高齢者の間でありましたが、実際に導入されてみると評判はよく利用者は急増し、たちまち財政難に陥りました。

社会保障改革が続くなかで感じることは、変化への強い抵抗です。長年にわたって存続してきた政策を変えるときは、「非現実的だ」とか「不可能だ」といった意見が出てきます。たしかに長く続いてきた政策や制度はそれなりの重みを持ってはいますが、それが正しかったとは必ずしも言えないと思います。誤ったこと、不適切なことを長年通してきた場合だってあります。とくに官僚は保守的ですから、これまでやってきたことを必ず正当化しようとします。誤りを決して認めようとしません。

社会保障は大きな転機を迎えています。これまでの政策の延長線上にあるようなマイナーチェンジでは、新しい状況に対応できないところがあります。大がかりな政策転換、発想転換が必要です。

●年金はちゃんと管理されているの?

年金管理に関する一連の事件が発覚しました。全国の社会保険事務所において、年金記録が失われたり、誤って記録されたり、保険料の着服まで明らかになりました。発覚したのは氷山の一角にすぎないとも推測され、あえて厳格な調査をしようともせず、あるいはすることができずに、時間の経過とともに幕引きが図られました。

最近は行政不信が高まり、こうした不安は多くの人が抱えているに違いありません。年金は二〇歳からの長期にわたる行政管理の対象であるため、加入者側は自分のデータを完全に把握できない状況にあり、行政を信じるしか方法がないのです。そこへもってきて近年、社会保険庁だけでなく、企業年金や退職金共済なども含めた管理側の多くの不祥事の発覚は、公私年金の管理体制への疑惑を強めています。民営化すれば解決するという問題でもないでしょう。

とくに転職した人、失業した人、海外に滞在歴のある人、離婚した人などは、記録が途絶えている可能性が高いようです。職員の横領や不作為は、加入者側からはチェックできません。発覚したのがすべてではないでしょう。たまたま不正な社会保険事務所、不正な職員に当たったから運が悪かったということでは納得がいきません。この問題が発覚してからの政府の対応も、最初の発言から二転、三転して、結局は納得のいく解決にまでは至っていません。このことが、行政や政治への国民の不信感を高めています。

民間保険会社であれば、ずさんな管理をしていれば、商品販売の致命的な欠陥として競争に負け、その企業は市場から退場していくでしょう。管理が信頼できる優れた商品のみが生き残っていけるのです。ところが、国が行う社会保障では、市民は選択できない立場にあります。行政は退場しようがありません。かりに組織が民営化されても、組織体質は一挙に刷新できないのではないかと、他の事例からも想像できます。もし公的年金と私的年金を選択できるようなシステムが導入されれば、みんなが私的年金を選び、民営化へ一挙に傾斜するかもしれません。

【社会保険事務所】二〇〇七年に日本年金機構法が制定され、社会保険庁は廃止されました。社会保険庁が行ってきた業務は六つの機関に引き継がれ、まず、医療保険部門と年金保険部門が切り離されました。年金に関しては、年金の財政責任・運営責任は国が、年金の運営業務は日本年金機構と機構から一部の業務委託を受けた民間事業者が、悪質な滞納者への強制徴収は国税庁が、それぞれ当たることになりました。

●政府財政が「危機」だから？

もう一つの年金破綻の要因は、政府の財政問題です。介護保険の創設、老人医療費の増大、年金の政府負担の拡大などにみられるように、政府の社会保障支出が増え、財政負担が重くなり続けています。このため、政府は強力に給付削減策を講じてきました。近年の社会保障改革は、社会保障支出の削減が主な内容となっています。

政府の財政事情は、以前から厳しい状況にありました。バブル崩壊以降、財政事情が厳しいにもかかわらず、政府は景気刺激策として減税を行ってきましたが、その結果、政府赤字は拡大の一途をたどりました。二〇〇四年の年金改革では、国民年金の給付に占める政府負担割合が、かつての三分の一から二分の一に引き上げられました。こうした大幅な財政負担は、国債の発行によって急場を凌いでいるのが現状です。つまり、国民からの借金で維持されているわけで、次世代への付け回しによって、年金財政はバランスを保っているように取り繕われているのです。すでに年金が破綻しているという主張の論拠も、このあたりにあるのでしょう。

一方、政府は新税導入によって新たな財源の確保を模索してきましたが、こちらは政治的な配慮もあり、なかなか進展していません。近い将来、大増税がなければ、本当に年金をはじめとする社会保障制度は破綻してしまうでしょう。政府だけではありません。社会保障関係費には、国民年金や国民健康保険や介護保険等で県や市町村の負担分もあります。地方自治体の財政破綻は、夕張市の事例にあるように現実のものとなりました。中央政府以上の財政難にある地方自治体は数多くあります。こうして社会保障支出全体の拡大は、地方自治体にも負担を余儀なくさせ、地方自治体の財政破綻がまた、社会保障財政の破綻にもつながります。

しかし、財政問題は政治的な解決も十分可能です。大幅な増税が実現すれば、財政問題は緩和されます。これまでは景気対策もあって、むしろ減税に向かっていたため、財政問題が深刻化してしまいましたが、日本の税負担は欧州に比べればまだかなり低い水準にあります。

【夕張市】北海道中部の人口一万人余りの山間の町で、かつて夕張炭田の中心として栄えました。しかし、炭鉱が閉山して人口減少も著しく、観光産業への投資の失敗もあって、多額の公債を発行して財政難に陥りました。二〇〇七年には財政再建団体に指定され、財政破綻しました。

●国が管理することの意味

社会保障は、国家が直接管理する制度です。憲法は、国は国民に社会保障・社会福祉を提供する義務を負うと明記しています。年金についても、国がすべてを保証する役割を担っていますから、財政破綻に際しても、国以上の保証者はいません。私的年金の場合は、企業や保険会社が保証するしかありませんが、企業や保険会社はいつでも経営危機に陥る可能性があり、倒産のリスクもあります。それに比べ、公的年金は最も安定した保証が国家によって提供されているのです。

もちろん、国家自体も破綻する可能性はあります。歴史的に見ても、戦争中に導入された社会保障は、敗戦と同時に白紙にされたことがありました。また、社会保障基金が戦費に調達されたこともあります。国内の紛争で政権が交代し、社会保障を導入した前政権が軍事政権に取って代わり、社会保障の既得権を全廃することだってありえます。しかし、現在の民主主義的な平和国家においては、このような事態は想定しにくいでしょう。実際、公的年金が破綻したというケースは、少なくとも今日まで聞いたことがありません。財政難はどこの国も同じでしょうが、財政破綻によって年金が支給されなくなったというニュースは聞いたことがありません。欧州では、日本以上に年金財政が悪化している国もあり、いつも「福祉国家の危機」が叫ばれていますが、福祉国家は現在に至るも維持されてきています。

年金は国家が行う社会保険です。この制度の最終的な責任は国家が持ちます。年金が財政破綻しないよう、国家が保護しているのです。国家が存続する限り、年金も維持されます。もっと正確に言えば、現代の民主主義国家であれば、国民の多数が支持している年金制度は、政権が変わっても破棄できませんし、年金を廃止するような政権は誰も認めないでしょう。大丈夫、年金は必ず支払われます。

04 年金とはどんな制度ですか？

年金は損か得かを考える前に、年金とはどのような制度なのかを確認しておくことが、変な誤解を避けるうえでも必要です。年金の解説書はたくさんありますが、本書では、一般の解説書ではあまりふれられていない年金の歴史から始めてみましょう。

(1) 年金の歴史を知っていますか？

●古代から中世、そして近代の老人像

古代から中世、近代にいたるまでは、人間の寿命は今と比べてかなり短いものでした。事故や病気で死ぬ人が多くを占めたため、人類史上では長い間、「老人」は珍しい存在であるばかりでなく、豊かな知識と経験を持つ「賢者」として尊敬されてきました。宗教儀式では「老人」が必ず中心人物となり、社会が困難な問題にぶつかったときには、「老人」の教えが尊重されました。部族の長は、若くて強い人ではなく、髭をはやした老人でした。老人は社会を導く指導者だったのです。また、古い時代には多くの人が「老人」になる前に世を去っていったわけですから、おそらく老後の備えを気にかける必要などあまりなかったことでしょう。

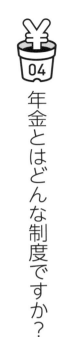

とりわけ、富の蓄積がなく、生産性も乏しく、自然に大きく依存していた農耕社会では、老後のことに目を向けられるほど余裕のある生活はおくれていなかったと思います。その時々の天恵に従って生きていくのが精一杯だったでしょう。

二〇世紀に入ってからも、最初の頃は〝人生五〇年時代〟と言われていました。しかし、医学のめまぐるしい進歩によって、人類の寿命は急激に伸びていきました。農業が産業の基盤だった時代には、人びとは死ぬまで働き続けていました。いまでも農村では、おじいちゃん、おばあちゃんは亡くなる間際まで労働に従事しています。農業にはさまざまな仕事があり、季節ごとにその内容は変わっていくものの、老人から子どもまで状況に応じた分業体制ができていました。村落共同体にあっては、すべての構成員が共同体に対し可能な限りの貢献をすることで、見返りとして収穫物を分け与えられました。

農業、林業、漁業が中心の社会では、すべての人が〝生涯現役〟ですから、年金のような老後の備えは必ずしも必要ありませんでした。日本におけるかつての家族にも同様のことが言えます。三世代、四世代が同居するような大家族のなかで、働けなくなった老人がいても、病気や障害を持った身内がいても、家族の一員として収穫を分かち合いました。そこでは、村落共同体が福祉的な機能をも担っていました。家族は福祉の単位でもあったのです。

●年金が成立した背景

農業中心の封建社会が年金制度を必要とするようになった背景には、産業革命があったと思われます。産業革命によって工業が興り、農民が都市へ移動して工場労働者になります。これにともない独立自営農民はどんどん減っていきますが、都市部に形成された賃金労働者は、その後の技術革新を通じた工業の発展のなかで急増していきます。ここに労働者階層が誕生します。

労働者は契約にもとづき、工場などで働いて賃金を受け取りますが、生涯にわたって過酷な労働を続けることはできなくなりました。そのため、定年などで会社を辞めたあと、老後の所得を保障してくれる制度が必要になりました。個人の貯蓄や企業の準備する退職金も、老後を保障する重要な原資でしたが、いずれの制度も十分な保障にはなりませんでした。

低賃金労働者の場合、日々の生活をやりくりするのが精一杯で十分な貯蓄はできませんし、景気の変動や人員削減により、企業がきちんと退職金を払ってくれるとは限りません。老後の生活のために十分な貯蓄や退職金の恩恵に与れるのは、ごく少数の恵まれた労働者にすぎませんでした。経済的に恵まれた労働者でも、不慮の事故や災害、会社の突然の倒産や解雇に遭遇する可能性は十分にあります。こうして、企業が労働者の退職後の面倒までみるのは不可能なことから、老後の生活設計を見据えながら、若いうちから強制的に加入する制度が必要になりました。そこで登場したのが、年金です。年金の管理は、最大の保障能力を持つ政府が担うほかに考えられなかったわけです。

●ドイツで初めて社会保険が登場

一九世紀後半、急速な工業化で労働者階層が急増していたドイツで、ビスマルクは労働者を保護する「飴」の政策の一環として、社会保険制度を立て続けに成立させていきました。そのなかで、健康保険、労災保険に続いて誕生したのが養老年金です。一八八八年のことです。それまでも年金の試みはあったのですが、国が全国民を対象に強制適用の年金を創設したのは、ビスマルクが初めてでした。

一方、イギリスは自由の国として、当初は社会保険に批判的で、ドイツの試みは全体主義と官僚主義の暴挙であると考えていました。ところが、欧州大陸諸国ではビスマルクの実験は一様に好意的に評価され、一九世紀末から各国へまたたく間に普及していきました。結局、イギリスで年金を含めた社会保険が導入されたのは一九一一年で、欧州では最も遅れた国の一つになってしまいました。こうしてビスマルクの養老年金は、その後、世界中に普及していくことになります。

日本について言えば、厚生年金の前進である労働者年金保険が、戦時下の一九四一年に創設されました。日本に限らず、戦中における年金の制度化には、軍費調達の意味があったのではないかと推測されています。戦時中の高率インフレは、政府の責任回避のための手段となりえたのです。

戦後の平和な社会は高福祉を求めました。各国は競って社会保障の充実に力を入れます。高度経済成長期には年金制度も整備され、加入者も増え、支給額も高まっていきました。ところが、経済不況と人口の高齢化にともない、事態は一変します。その後、改革は随時行われていますが、一時的な例外を除けば、年金制度を廃止しようという動きはみられませんでした。開発途上国では年金の適用率が低く、国民のごく一部の人にしか適用されていない場合が多いようです。適用対象を拡大するための努力が進められていますが、廃止するような事態には至っていません。

【オットー・フォン・ビスマルク】（一八九七〜一九七五年）プロイセン王国の初代宰相で、飴と鞭の政策で有名。一八八三年に疾病保険、八四年に労災保険、八八年に老齢年金と、世界で最初に社会保険制度を導入しました。職域を基礎に制度を適用させ、保険料や保険給付は所得に応じて金額を設定しました。つまり、所得が二倍、三倍になると保険料も二倍、三倍になり、給付も二倍、三倍になります。

●年金が国策に

年金の歴史で興味深いのは、戦時中に年金制度が急展開してきたことです。ベルサイユ宮殿を建造し、華やかな宮廷政治を行いながら侵略戦争を起こして財政難をもたらしたルイ一四世は、一六五三年にイタリア人トンチンの提案する国営年金を実施しました。しかし、この時代に政府が国民の老後を心配して年金をつくったとは想像しにくいでしょう。むしろ、主眼は政府の財政再建にあり、そのための年金原資の転用を狙っていたのではないかと推論できます。ビスマルクが養老年金をはじめとする社会保険を導入したのは、国内の労働者対策が目的だったと言われます。一九世紀末は戦乱の時代で、第一次、第二次大戦中も各国で公的年金の制度化が進んでいきました。日本においても、労働者年金は戦時中の一九四一年に導入されていますが、これも老後の保障を名目にしてお金を集め、戦争費用に充当されていたのではないかと思われます。軍事政権が、戦争真っ只中で国民の老後など本当に心配していたのか甚だ疑問です。というのは、戦後に紙幣を乱発すれば、年金は約束どおり運用することも可能になり、辻褄は後からいくらでも合わせられるからです。年金はすべての市民に強制適用され、資金が一挙に集まる仕組みです。このお金を狙うのが政治家たちでしょう。戦争のためにお金を出させるより、自分の老後のためにお金を出させるほうが市民の説得にも好都合でしょう。

年金は人生に関わる重要な制度ですが、どんなに安定した政権でも一〇年続くことは稀であって、ましてやその政権が四〇年後、五〇年後の年金のことまで真剣に考えていたとはとても思えません。ここに年金という制度の危うさがあります。いまのツケを後代に残すという基本的な構造がつくられやすいのです。しかも、年金は莫大なお金が動く一種の巨大な金融制度でもあります。莫大なお金が一部蓄積されたうえで融資が行われるわけですから、その経済効果はきわめて大きいのです。

第二次世界大戦以前の年金は、基本的には積立方式でした。現役労働者のときに所得の一部を保険料として積み立てていき、老後はこれを原資にして年金をもらうわけです。積み立てた原資がちょうどなくなる頃に死亡すれば、財政的には均衡が保てます。しかし、戦後の高率インフレによって実質価値の保障が不可能になり、年金は老後保障として機能しなくなりました。この時点で、積立方式の年金はその役目を終えることになったのです。

第二次世界大戦後には、賦課方式の年金が各国で採用されるようになりました。これによって、年金は個人では完結しない、世代を超えた所得移転の制度に変わりました。現役労働者から強制徴収された保険料を財源として、そのお金は現在の年金受給者に年金として支給されます。そして、いま現役で働いている労働者が年金受給者になる時代には、次の世代の保険料を財源として年金が支給されるわけです。

この措置によって、年金の最大の問題であったインフレの克服が達成されました。しかし、その代償として、制度のなかに世代間の利害対立の火種を組み込んでしまいました。したがって、現在の高齢化社会の年金問題は、後で論じる賦課方式の問題でもあるのです。

(2) 老齢だけじゃない年金のリスク

ここでは、改めて年金とはどんな制度なのか、その基本構造についてお話しします。一般的には、年金は老後の所得保障制度として理解されていますが、それは老齢年金に該当するものです。年金は場合によっては、老後ばかりでなく、若い年齢でも支給されることもあります。

●三つのリスク

「年金」は、本来は毎年定期的・継続的に給付される金銭のことです。老齢年金は最も適用の多いリスクではありますが、それだけでは年金を論じたことにはなりません。実は「年金」には、三つの異なるリスクが含まれています。それは障害、配偶者の死亡（遺族）、そして老齢です。「年金」はこの三つのリスクそれぞれに対応する制度です。三つの給付とも長期間に支給されることから、長期給付と呼ばれることもあります。たとえば、日本ではサラリーマンが厚生年金に加入すれば、老齢厚生年金、障害厚生年金、遺族厚生年金に同時に加入していることになります。

年をとること自体が、老齢という一つのリスクです。定年退職すれば、職を失い、所得を失います。また、高齢にならなくても、何らかの理由で障害者になることも一つのリスクです。

やはり、仕事に従事することが困難ですし、所得もなくなります。さらに、扶養されていた子や配偶者が扶養者を失うことは、遺族給付という制度のリスクとなります。障害給付と遺族給付は、年齢と関係なく特定条件下で適用されます。

ヨーロッパには、これら三つのリスクに応じて、三つの社会保険制度を独立して運用している国々もあります。それは老齢年金、障害給付、遺族給付です。それぞれ別々の独立した制度として、適用対象、受給要件を設定し、独自の財源を持ち、独自の給付を施行しています。それぞれはもちろん強制適用で、異なる保険料や保険給付を規定し、基金も独自のもので、支給条件もそれぞれ個別に規定されています。老齢、障害、遺族は明らかに異なるリスクであり、同一の制度や同一の基金で運営するのは矛盾に思えるかもしれません。

たとえば、人口高齢化は老齢年金に直接影響を及ぼしますが、遺族や障害のリスクとは無関係です。つまり、人口高齢化によって障害者が増えたり、配偶者の死亡数が増えたりするとは考えにくいです。にもかかわらず、同じ制度であれば、老齢年金と運命共同体になり、人口高齢化によって等しく財政的な圧力を受けてしまいます。別々の基金にしたほうがよいように思われますが、日本ではこうした主張は聞かれません。

たしかに、遺族や障害のリスクは一般には小さいですけれども、誰もが抱える共通のリスクではあります。年金を考えるとき、日本のような制度体系の場合、老齢だけでなく、遺族や障害のこともあわせて考慮する必要があります。もし損か得かを考えるならば、これら三つのリスクを総合して考えなければなりません。老齢年金の場合だけで論じているのでは、日本の年金を正しく評価することはできないでしょう。老後の年金の金額だけでなく、障害者となった時の給付や世帯主が亡くなった時の遺族の保障まで考えて年金の損得を評価すべきでしょう。

一般に年金は損であるという主張は、老齢年金を想定したうえでの議論に集中しています。その際は、遺族年金や障害年金は考慮されていない場合が多いのです。そこでは、健康に労働生涯を過ごし、何の問題もなく老齢年金の受給に入っていく状況が前提になっています。しかし、私たちは老齢年金のためだけに年金保険料を拠出しているわけではありません。日本では三つのリスクが一つの年金になっているため、それぞれを切り離して議論することはできません。

多くの人は健康に毎日を過ごし、現役引退後は老齢年金を受給するでしょう。しかし、なかには若くして障害者になることもありますし、不幸にして扶養者が先に死亡することもあります。老齢年金をまったく受給しないで、障害年金を長期間もらうこともありますし、遺族年金を受給することもあります。誰もがその可能性を保持しているはずです。したがって、被保険者本人の老齢年金の支給額だけを想定していては不十分です。障害年金にしろ、遺族年金にしろ、あえて損得で考えるならば、後述するように多くの場合、かなり得だと言えるでしょう。わずかな拠出であっても、生涯にわたって年金が支給されることになりますから。これらのリスクについて、もっと慎重に考察する必要があると思います。

(3)　年金にはどんな種類があるのでしょうか?

私たちが話題にする「年金」とは、通常、社会保障制度の一環としての公的な年金制度を前提としています。社会保険としては、複数の年金制度が並立している国が多く、最低保障年金や公的扶助的な年金を運用する国もあります。多くの先進諸国では、年金制度は複層化しています。日本では、図2に示したように、広くすべての人の基本的な保障を行う国民年金が、一階部分にあります。二十歳以上六十歳未満のすべての市民が強制適用されるもので、六七一二万人の被保険者を抱えています。さらに、サラリーマンの場合は厚生年金が、二階部分の年金を構成しています。かつては、公務員共済や私学共済等の職域年金が並立していましたが、近年の年金一元化により厚生年金に統一されました。内訳では、民間のサラリーマンが三六八六万人、公務員等が四四三万人となっています。

加えて、各種企業年金が三階部分の年金となります。自営業者の場合は、国民年金が唯一の強制適用の年金となりますが、地域や職域で国民年金基金が二階部分を構成している場合もあります。職域や地域にかかわらず、個人型確定拠出年金も任意で加入できます。その他、個人年金はさらにこの上に位置することになります。

国民年金に関しては、サラリーマンが第2号被保険者で、四一二九万人と最大規模になります。サラリーマンの妻が第3号被保険者で、九一五万人います。それ以外はすべて第1号被保

[図2] 日本の年金制度の体系

（数値は2016年3月末）

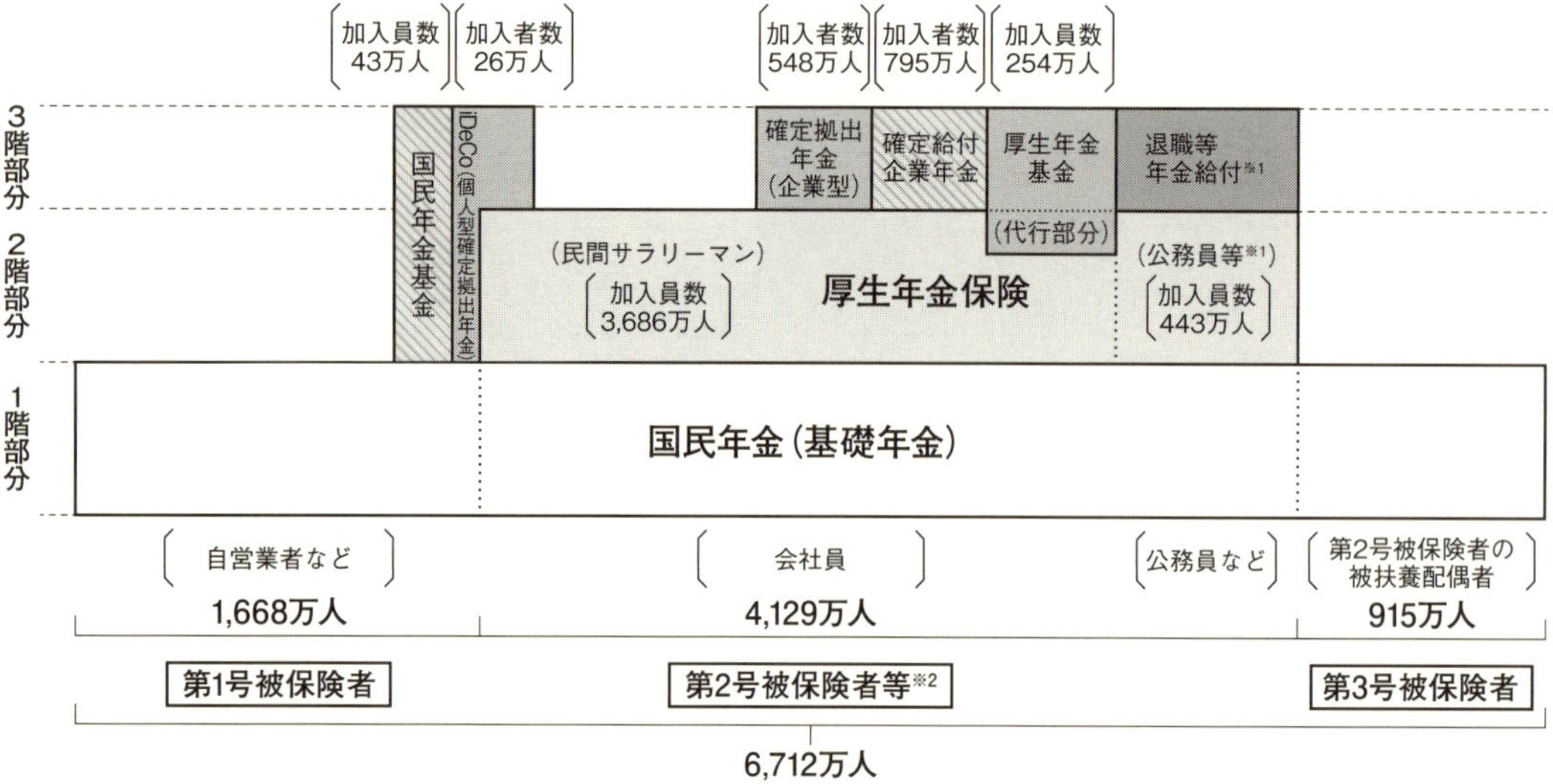

※1　被用者年金制度の一元化に伴い、2015年10月1日から公務員および私学教職員も厚生年金に加入。また、共済年金の職域加算部分は廃止され、新たに退職等年金給付が創設。ただし、2015年9月30日までの共済年金に加入していた期間分については、2015年10月以後においても、加入期間に応じた職域加算部分を支給。

※2　第2号被保険者等とは、厚生年金被保険者のことをいう（第2号被保険者のほか、65歳以上で老齢、または、退職を支給事由とする年金給付の受給権を有する者を含む）。

〔出典〕『厚生労働白書　平成29年版』。

険者で、一六六八万人います。

●社会保障年金（公的年金）

図2の一階の国民年金と二階部分の厚生年金が、社会保障制度の一環としての公的年金です。年金制度は国家が管理し、原則として強制加入です。まず、制度を運営する保険者は国となりますが、実際の運営は二〇一〇年以降は日本年金機構が行っています。事務管理費は原則として公費で賄われます。職員は公務員として国の税金から賃金を受け取っており、建物も国の施設になります。近年、さまざまな管理費用を保険料から調達する場合もありますが、大部分は税金で賄っており、保険料からの負担は小さい状況です。

政府による直接管理は、最高の保証を意味します。年金財政が悪化しても、最後は公的資金の投入によって崩壊が避けられるからです。リスク回避の意味でも、社会保障の年金のほうが安全です。もちろん、好景気で民間保険会社の販売する年金が運用に成功し、高い配当を提供することはあります。逆に政府の年金は賦課方式ですから、運用によるメリットが小さいうえに、安全優先政策のために配当が低く、民間の年金より損になることはあります。しかし、不況の時期もありますから、長期的に見た場合、判断は難しくなります。

社会保障制度が強制加入であることは、保険加入者が多数いて、しかも財政的に安定するため、制度としての持続性が保証されます。民間であれば企業間の競争が激しく、運用政策上のリスクも大きいため、企業経営も保険運営も不安定になる可能性が高くなります。これは大手保険会社の保険商品についても言えることです。

●企業年金

企業年金は、日本では広く普及しています。通常、企業年金のある企業に就職した労働者は、自動的に当該企業年金に加入することになります。そこではもはや、損か得かを考える余地はありません。日本の企業年金は、近年、大幅な改正が続き、今後も改革が予定されています。ここでは現行制度の概略を紹介しておきましょう。

第一に、一九六六年に導入された厚生年金基金は、厚生年金の一部と企業独自の上乗せ部分を合体したもので、企業が国に代わってより高額の年金を保障する制度です。主に大企業で普及しており、保険料は労使折半を原則とします。厚生年金基金は、特別法人として母体企業と別に設立しなければならないため、設立には厳しい条件があり、従業員一〇〇〇人以上の大企業か、同業同種の中小企業連合体で加入者が五〇〇〇人以上いる場合に設立が可能となります。不況や低金利によって、厚生年金基金は概ね経営が苦しく、基金の数は減少し続けています。二〇一六年時点の数字を挙げると、基金数は一一〇、加入者数は一四〇万人で、一基金あたりの平均加入者は一万二七三六人、受給者は約八六万人、平均支給額は月額五万一八〇円となっています。実は、低金利もあって積立不足等により厚生年金基金を廃止する企業が増え、厚生労働省も二〇一二年に将来的に厚生年金基金の制度を廃止する方針を表明しました。但し、性格上、年金制度は急には終了できないため、当面は存続せざるを得ないでしょう。

第二に、確定給付企業年金は、企業拠出が税制上損金として非課税扱いになる旧来の税制適格年金を統合したもので、受給権保護を重視する企業が労使の自主性にもとづいて設立します。受給権保護として、積立義務、受託者責任、情報開示が定められています。二〇〇九年現在で五〇〇八件、六七〇万人の加入者がいます。税制上の優遇措置があるため、そうでない制度に比べ、企業にとっては有利です。

第三に、将来の年金給付を約束しないで、加入者本人が運用方法を選択し、現在の拠出額を確定していくのが確定拠出年金制度で、二〇〇二年にアメリカに倣って導入されました。運用は個人責任となるため、企業は財政難の場合でも追加拠出の責任がなくなります。確定拠出年金には、企業が従業員ために拠出する企業型年金と、個人が拠出して個人単位で運用する個人型年金とがあります。二〇〇八年現在で三〇七五件、企業型年金で約三三〇万人、個人型年金で一〇万二〇〇〇人の加入者がいます。確定拠出制度にも、税制上の優遇措置が適用されます。資産は個人勘定となり、転職時には転職先に年金資産を移管することができます。

いずれの場合も、通常、保険料は従業員本人と企業が折半するか、企業の負担が若干高く設定されており、将来の年金受給額はともかく、企業が半分以上を負担しています。企業年金が赤字になると、確定給付型の場合であれば、企業が追加拠出して賄うのが一般的です。さもなければ、予定されていた年金支給額が削減される可能性もあります。

企業年金については、当然ながら政府からの財政援助はありません。あるのは税制上の優遇措置だけです。企業年金や個人年金は物価にスライドしないので、実質価値の目減りも起こりうることになります。契約者本人の老齢年金のほか、遺族年金や障害年金も可能ですが、その場合も強制ではなく、労使の合意にもとづいて決めることができます。企業が独自に運営する年金ですから、長い年月のあいだには制度上の運営リスクがともないます。現在、企業倒産や企業経営の悪化によって、企業年金の破綻や終了が相次いでいます。アメリカなどでは企業年金の終了保証制度を再保険のかたちで制度化していますが、日本では最近の法改正によって積立義務や受託者責任、情報開示が規定され、受給権の保護がしだいに強化されつつあるとはいえ、より老後保障に適切な機能については、制度上の整備はまだ十分とは言えません。

●個人年金

近年、民間保険会社や信託銀行をはじめとする金融業界の規制緩和もあって、さまざまな個人年金が商品化され、市場に出まわっています。将来、公的年金の減額が予想されることから、老後の生活に不安を抱く人たちは、自己防衛の手段として個人年金を選択する傾向にあります。公的年金だけでは不十分だというわけです。

また、資金に余裕のある高額所得者のあいだでは、老後のための貯蓄手段として関心が高まり、個人年金は成長を続けています。おそらく、加入者は得だと考えて加入するのでしょうが、国からの加入強制もなく、まったくの任意制度であるにもかかわらず、加入者は増えているのです。しかし、いくら得だからと言っても、日々の生活に余裕のない世帯にとっては、保険料を捻出するだけでも大変です。

企業年金の場合は、特定の企業のみが恩恵に与かれる制度ですが、企業年金自体がない企業も珍しくありません。これに対し、個人年金は誰もが個人の意思にもとづいて加入できる制度です。サラリーマン以外の人でも、職業に関係なく加入が可能な開かれた制度だと言えます。しかし、社会保障としての公的年金や企業年金に比べ、政府補助や企業拠出はなく、税制上の優遇措置もありません。したがって、一般的にはメリットが少ないにもかかわらず、多くの人が個人年金を選択しているわけです。

05 比べてわかる！　制度別の損と得

あるものについて、それが損か得か判断したいとき、他のものと比較することで明らかになる場合が多いものです。一つの制度の評価は、価値基準に応じて分かれるものであり、なかなか難しいものですが、類似する他の制度と比べるならば、得であるとか損であるとか明確に言えることがあるでしょう。

等しく「年金」と言っても、前述のとおり、いろいろな年金があります。公的年金のみならず、私的年金もあります。公的年金と言っても、老齢年金以外にも遺族年金や障害年金、労災年金もあります。ここでは老齢年金に関連する制度を事例に、各制度が得か損かを比較・検討してみたいと思います。

(1)　私的保険と社会保障のちがい

●私的保険

私たち市民の生活は、いかに多くの保険制度で守られていることでしょう。私たちは、家庭では火災保険、自動車保険、生命保険、損害保険などに加入していますが、ほかにも学校や職場、各種団体、サークルやボランティアなどにも保険制度があります。人が集まるところには、必ず保険制度が存在すると言ってもよいでしょう。

では、私たちはそうした保険について、加入して損をしたか得をしたかを深く考えているでしょうか。ほとんどの加入者は、火事などの災害や生命にかかわる重大事故に遭うこともなく、したがって保険の給付を受けることもなく、保険期間が終了します。この場合、保険料を支払っても受益はありません。つまり、損をすることがほぼわかっていても、保険に加入しています。支払い額と受領額を比べることで損得を判断するならば、ほとんどの人は損をし、リスクに陥ったごく一部の人は得をしたことになります。もっと正確に言うと、リスクに陥った人については、得をしたというよりは、損失を回避できたと言うべきでしょう。保険料と保険金のみを見れば、極端に得をしたとみなせますが、それ以外に実際には多大な損失を被っているはずです。

このような保険制度に、なぜ多くの人が加入しているのでしょうか。社会保険とは違い、適用は強制されません。だとしたら、加入にあたって損か得かなど考慮していないことになります。むしろ、大きな損失を被ることを避ける手段として、保険料を負担していると考えるべきでしょう。これは企業経営で言えば、企業が長期にわたって存続していくうえで欠かせないコストということになります。目先の経費負担を惜しんだために大きな損失を被り、それが経営悪化や倒産につながったら、経営者としての責任が問われます。そう考えると、保険加入は経営者の責任の表現だと言いかえることができます。

それでは、リスクに陥った人は本当に得をしたのでしょうか。受益と負担の関係から見れば、多額の保険金を受け取る契約者は得をしたことになります。ところが、受給者はその保険金に相当する、あるいはそれ以上の損失を被っているのが実態です。

火災保険を例にとるならば、保険料を納めて保険に加入していれば、家が火事で全焼しても保険金が支給されます。しかし、保険金はその家の再建のための費用に充てられますから、手元に余剰金が残るわけではありません。また、全損であっても全額が支給されるとは限りません。保険商品の種類にもよりますが、家の現在価値が再評価され、減価部分は自己負担とされたり、保険給付ではカバーできない支出も出てきます。このため、保険金を受け取ってもなお一部の損失は残る場合も多く、自己負担を加えないと元どおりにならないことがあります。それで得をしたと言えるのでしょうか。

これは他の保険でも同様です。自動車保険における自賠責保険は、民間保険では唯一強制適用になっています。この保険なくして、現在の「クルマ社会」は成り立たなくなっています。自動車事故を起こし、払った保険料を取り返そうなどと考える人はほとんどいません。事故はないにこしたことはありませんから。

生命保険金を目当てに殺人を犯しても、事実が判明すれば保険金は支給されません。故意の自殺も同様です。罪を犯して残りの人生を刑務所で過ごすようなことになれば、それこそ人生最大の損失です。

このように、各種民間保険については、得をしようと思って加入する人はいません。リスクが発生しなければ、保険料は掛け捨てとなって損をしますが、誰もリスクの到来を歓迎はしません。むしろ、損をしてよかったと感じるでしょう。だから、何も保険事故が発生せずに契約期間を終えても、次に新たな保険が必要となれば、あえて契約に踏み切るのです。こうした考え方が、社会保障の年金ではなぜ援用されないのでしょうか。

●企業年金は得！

個人年金と同じく、企業年金も民間の保険制度です。サラリーマンの多くは、企業年金は得だと感じているのではないでしょうか。何しろ、企業が半分あるいはそれ以上の保険料を負担してくれて、年金を受け取るのはサラリーマン本人なのですから、こんなありがたい制度はありません。企業年金はサラリーマンの特権であり、自営業者も、派遣社員やフリーターなどの不安定労働者も、まったく蚊帳の外に置かれています。ただし、企業年金は強制適用ではないため、すべてのサラリーマンが享受できるわけではありません。企業規模が比較的大きく、経営が安定した優良企業で導入されていると言えます。中小企業には企業年金のないところも多いため、勤めている会社に企業年金があれば、自分は幸運だと感じるのもうなずけます。

企業は法律で強制されてもいないのに、自発的に従業員のために莫大な支出をするわけです。

節税のメリットはあるものの、事務管理のためにお金と労力がかかりますし、社会保障の保険料に加えて、企業年金の拠出も負担しなければなりません。運用益が不調で基金不足の際には、追加拠出が必要となる場合もあります。

●公的年金は得!

ここで簡単に、社会保障の公的年金と私的な個人年金とのちがいを見てみましょう。第一に、公的年金は政府が行うもので、最終的な責任は政府が負うため、破産することはほぼありえないのに対し、民間企業が運営する個人年金は破綻する可能性があります。個人年金は最悪の場合、支給されなくなったり、極端に少ない支給額になってしまう可能性を否定できません。民間の年金商品を扱う生命保険会社や信託銀行等にしても、経営危機や倒産に陥ることもあり得ます。五〇年から六〇年にかけて契約するのに、絶対安全はありません。実際に、企業の倒産等に限らず、経営悪化から企業年金の廃止が起こっています。

第二に、公的年金は賦課方式で運営され、物価にスライドするため、将来の生活水準を実質的に保証できますが、私的年金は積立方式なので物価にスライドできません。もちろん、運用がうまくいけば公的年金より高い水準に到達することはできますが、低くなる可能性もあります。物価水準が上がれば一般に金利も上がるので、実質価値は維持されるのが一般的ですが、高率インフレなどの異常な経済情勢にあっては、実質価値を維持できない場合も十分ありえます。そうなれば、老後は不安になります。将来の給付が物価スライドしてくれるということは、大きな意味を持ちます。現状では、ゼロ金利時代であり、高率のインフレは想定しにくいですが、長期を考えれば十分あり得ます。私的な年金保険では、年金の実質価値を一挙に失う可能性があります。

第三に、公的年金には国家負担分があります。国民年金では給付費の二分の一が国庫補助ですし、厚生年金でも一部国庫が投入されています。厚生年金の保険料の半分は企業の負担となります。企業年金の場合でも、保険料は労使折半かもしくは企業負担が若干多いこともありますが、公的な補助金はありません。個人年金は、当然ながら保険料の全額が個人の負担となります。

ほかにも公的年金と個人年金のちがいはいくつかありますが、公的年金のほうがほとんどの人にとっては有利でしょう。ただし、たとえば高齢でも高額所得者などは、公的年金の支給が制限されたり、受け取れなかったりすることもあり、所得とかかわりなく支給される私的な年金と比べて必ずしも公的年金が得とは言えない場合もあります。

二〇〇四年の年金改革によって、厚生年金は七〇歳以上でも年金と賃金の調整が行われることになりました。その結果、長年にわたり最高額の保険料を払ってきた人でも、高額の所得を得て現在も就労中の場合は、年金の支給制限を長年受けることになります。それなら個人年金のほうが得ではないかということになりますが、そんな恵まれた高齢者はごく少数でしょう。

逆に、企業年金が好まれる場合もあります。公的年金では、本人が死亡した場合は遺族年金が適用されますが、企業年金では必ずしも遺族年金が併設されていないこともあります。積立額が全額一時金として指定された受取人に清算払いされることもあります。年金とは言っても、個人勘定の貯蓄商品としての性格をも併せ持っていることがわかります。企業年金では一般に遺族の就労などの条件もないことが多いですし、支給額の調整（減額）も行われないことが一般的です。私的な保険制度であり、特定の規制以外は自由に設定できる余地があります。

●他の社会保障制度における損得

年金制度に限らず、その他の社会保障制度においても、ほぼ同様のことが言えます。たとえば、多額の健康保険料を払っても、無事に健康な毎日を過ごし、病院にかからなかったことを幸いと感じるでしょう。重病にかかって、保険料を取り返そうと考える人はいません。長期入院して多額の保険給付を受けて得したと喜ぶ人はいないでしょう。

失業保険給付をもらうために、わざわざ会社を辞める人もいません。本当は会社を辞めたくて働く意思がないのに、求職活動をして失業給付をもらう悪用の部類の人はいますが。失業者になるのは辛いことであり、それは保険の損得レベルを超えています。介護保険で「得」をしようとして、要介護状況になったのを喜ぶ人もいないでしょう。生活保護では、保険料の負担もありませんが、給付は無差別平等にもらえます。受給者は圧倒的に得になりますが、誰も好んで生活保護を受給しようとはしないでしょう。年金以外の社会保障制度で、損か、得か、議論していることはほとんどありません。

リスクに陥ることで生じる大きな損失を回避するための費用として保険料負担を選択しているわけですから、その意味では保険料は安いものです。日本人は、なぜ年金に限って執拗に損得にこだわるのか不思議な気がします。年金についても、もっと広い価値観をぜひ持ってもらいたいものです。

(2) いろいろな公的年金

●遺族年金

現代社会では、遺族年金の重要性はしだいに高まっています。長寿時代にあって、夫を失ったあと、妻が長年にわたって遺族年金を受給するケースが多いです。男性より女性のほうが平均寿命はかなり長いため、妻の多くが、晩年には遺族年金を受給する可能性は高くなります。また、病気や事故で若くして夫を失う女性もいます。離婚や再婚の機会が増え、家族構造が多様化していることも、遺族年金の意義を高めています。

配偶者が死亡すれば、被扶養者は遺族年金の受給対象となりますが、考えてみれば誰もがその可能性を持っています。専業主婦であれば、精神的な痛手に加えて、生活は一挙に困窮化します。貯蓄や生命保険などはありますが、個人レベルで対処するには限界があります。やはり社会保障が必要不可欠なのは、誰もが認めるところでしょう。働けば自分の生活は何とかなるかもしれませんが、長年専業主婦をしてきた女性にとっては、それも簡単ではありません。まして子どもをはじめ扶養家族を抱えている場合は、働きに出ることすら難しいでしょう。運よく仕事に就けたとしても、十分な収入は最初から期待できません。

「年金は損か？」を考えるにあたっては、老齢年金だけでなく、遺族年金にも十分配慮しておく必要があります。遺族となる可能性のある家族が多ければ多いほど、年金制度によって得をする可能性も高くなります。逆に、生涯独身で扶養家族のいない人の場合は、被保険者本人が死亡しても遺族年金の適用がないため、損をする可能性が高くなるでしょう。現在のように結婚しない人が増えていくと、遺族年金の利用価値が下がるかもしれません。

遺族年金については、じつは損得が非常にはっきりと表れる傾向にあります。ここでは民間サラリーマンの家族を想定してみましょう。この場合、通常は国民年金と厚生年金の両制度から遺族年金が支給されることになります。

●遺族基礎年金

遺族基礎年金の受給対象は、「子のある妻」と「子」に限定されます。支給要件としては、死亡した夫が次のうちいずれかを満たしている必要があります。①国民年金の被保険者、②被保険者であった者で、日本国内に住所がある六〇歳以上六五歳未満の者、③老齢基礎年金の受給権者、④老齢基礎年金の受給資格要件を満たしている者、となっています。

専業主婦で、生計を同一にする子のいる妻であれば、以上の①から④のいずれかに該当すれば、遺族基礎年金が支給されます。二〇一七年時点での遺族基礎年金の給付額は、定額で年間七七万九三〇〇円です。加えて、生計を同一にする第一子、第二子はそれぞれ二二万四三〇〇円、第三子以降は一人あたり七万四八〇〇円の付加給付が支給されます。

この内容では、該当者はあまり得したという感じはしないように思います。子どものいる妻のみが給付を受けられますが、支給額も決して高くありませんし、夫を失った子のない妻には何も支給されません。夫を失うことで収入も失ってしまえば、自分が仕事を見つける以外生活ができなくなります。

●遺族厚生年金

遺族厚生年金の受給対象はより広くなります。遺族基礎年金の場合の受給対象である「子のある妻」と「子」に加えて、「子のない妻」、「五五歳以上の夫、父母、祖父母」、さらに、「孫」までも含まれます。つまり、死亡した被保険者によって扶養されていた家族が、広く「遺族」として認定されます。支給要件としては、①被保険者が死亡したとき、②被保険者であった間に発生した傷病が原因で初診日から五年以内に死亡したとき、③一級、二級の障害厚生年金の受給権者が死亡したとき、④老齢厚生年金の受給権者または受給資格期間を満たした者が死亡したとき、となっています。

遺族厚生年金の支給方法に関しては、やや複雑な規定があります。妻が専業主婦であるか、労働しているかによって事情が異なります。詳しくは、後の07の男女別の損得のところで論じます。厚生年金からは、条件を満たせば、遺族である妻は夫の老齢年金の四分の三相当を遺族年金として支給され、中高年寡婦加算または経過的寡婦加算もあわせて支給されます。

中高年寡婦加算は、夫の死亡時に四〇歳以上で、子どものない妻を対象に六五歳まで支給されます。支給額は老齢基礎年金の四分の三に相当する額であり、二〇一七年時点で年額五八万四五〇〇円の定額となっています。

経過的寡婦加算は、一九五六年四月一日以前に生まれた妻を対象に、六五歳以降に支給されます。支給額は昭和六一年四月一日から六〇歳になるまで国民年金に加入した場合の老齢基礎年金の額とあわせて、中高齢の加算額と同額になるように支払われます。

子のある妻であれば、遺族基礎年金も遺族厚生年金とあわせて受給できます。また、妻が六五歳に達すると、当然ながら、自分の老齢基礎年金が受給できます。以後、保険料の支払いは強制されず、遺族厚生年金の支給は再婚や就労などの条件に変更がない限り、三〇歳以上の配偶者であれば終身で受給し続けることができます。この場合、遺族厚生年金は遺族の経済的な保障として非常に重要な役割を果たしますから、該当者は負担額に比べて「得をした」と感じるに違いありません。

遺族年金と言っても、いろいろなケースがあると思いますが、遺族年金で損をしたと感じる人は少ないのではないでしょうか。得をし損なったという人は少数派ではありますが、かなりいると思われます。

●障害年金

私たちだれもが、障害者になる可能性を持っています。生まれながらにして障害を持つ人もいれば、成人してから事故で障害者になることもあります。多くの障害者の場合、通常の就労が困難になり、所得の喪失が長期にわたって続くことが見込まれます。普段の生活をおくるための経済的な保障を基礎に、障害の程度によっては、介助や交通費などの特別な費用が必要となりますし、補償も独自の性格を持つものになります。

障害給付のことを考えれば、年金に加入していないと経済的に大きな痛手を受けます。年金加入者が障害年金を受給する場合、障害者になった人は間違いなく得となります。障害者が得などと言うと、不謹慎な発言としてお叱りを受けるかもしれませんが、ここはあくまで年金制度上の話としてご理解いただきたいと思います。

拠出した保険料の総額と受け取る年金の総額を比べると、ほとんどの場合、年金受給額のほうが多くなるでしょう。もちろん、例外はあります。障害給付が十分なわけではありませんし、必要とされる経費を考えれば、決して満足のいく額ではないでしょう。

●障害基礎年金

二〇歳未満で障害者になった場合、保険料をまったく支払わなくても、生涯にわたって障害基礎年金が満額受給できます。これには選択の余地はありません。二〇歳を過ぎると基礎年金に未加入の場合、一生涯、障害基礎年金は受給できなくなります。しかし、二〇歳を過ぎて加入手続きをしてあれば、あるいは事情により免除申請しておけば、生涯にわたって障害基礎年金が受給できます。

障害基礎年金の二〇一七年時点での支給額は、二級障害で年額七七万九三〇〇円、一級障害で九七万三九四五円となっています。さらに、その人と生計を同一にする第一子、第二子はそれぞれ二二万四三〇〇円、第三子以降は一人当たり七万四八〇〇円の付加給付が支給されますが、これは遺族給付と同様です。かりに二〇歳から平均寿命に近い八〇歳までの六〇年間の受給とすると、子どもがいない場合、二級障害では総額四六七五万円、一級障害では総額五八四三万円相当になります。この額はあくまで現時点での推計ですが、年金は物価スライドしますし、実際には六〇年間の受給額はこれよりはるかに多くなるはずです。二〇歳で加入直後に障害者となったら、ひと月一万六〇〇〇円程度の負担で、約四七〇〇万円や約五八〇〇万円の給付を受けることができます。また、生計を同じくする子どもがいれば、付加給付が上乗せされます。

もし国民年金に未加入であれば、障害者になっても、この現在価値で四七〇〇万円や五八〇〇万円相当が受給できないことになります。未加入ということは、障害基礎年金の受給権を放棄することを意味します。障害者にとって最も重要な経済的保障が受けられなくなるわけですから、これは非常に大きな損失です。

●障害厚生年金

厚生年金では、基礎年金に比べて支給対象が広く、三級障害まで含まれます。支給額は障害の程度に応じて決まりますが、障害一級の場合、老齢厚生年金の本来の支給額の一・二五倍に増額され、配偶者への加給年金（二二万四三〇〇円）が加算されます。障害二級では、老齢厚生年金相当額と加給年金も付け加えられます。障害三級では、本来の老齢厚生年金支給額相当分のみとなります。障害三級の場合、支給額の最低保障は五八万四五〇〇円です。厚生年金では、障害年金の受給者は概ね得になるでしょう。

ここで問題になるのは、日本の年金制度では、被保険者でないと年金が適用されない点です。障害者になってからでは、年金に加入できないのです。国民年金も同様ですが、厚生年金でも同様です。のちほど、フリーターの年金のところでも説明しますが、今は正社員でなくても条件を満たせば厚生年金に加入が認められます。その際、障害年金の可能性まで考えて加入申請する人は少数派だと思います。まさか障害者にはならないだろうと思ってあえて厚生年金に加入しないでいると、障害になった場合、一生涯、障害厚生年金は支給されません。基礎年金より厚生年金のほうが障害に際して給付内容も良いですから、可能であればぜひ厚生年金への加入申請することをお勧めします。

●労災年金

労災補償年金が損だと言う人は、おそらくいないでしょう。なぜなら、労災保険については、使用者が保険料を全額負担するため、労働者本人は保険料の自己負担なしで年金給付だけを受け取ることができるからです。また、補償額も比較的高額なうえ、医療費は無制限で全額無料です。さらに、一部調整はあるものの、国民年金や厚生年金など、ほかの社会保障制度との併給も可能です。

労働者が職場で災害に遭っても、使用者が責任を認め、補償を行うとは限りません。まして、補償費が高額であれば、簡単には補償に応じないでしょう。その場合には、使用者責任を追及する訴訟を起こし、これに勝たなければなりません。しかし、労災保険という社会保険があることで、企業は災害時に補償のための財政負担を課されることはなく、労働者もちゃんと補償が受けられます。認定は国が客観的な立場からやってくれるため、会社と労働者のあいだの厄介な交渉も不要になります。保険料負担は求められるものの、企業としては急な賠償責任が回避でき、経営の安定にもつながります。このように労災保険は、労使双方から支持の厚い制度であり、歴史的にも比較的早い時期に成立しています。したがって、労災保険は労働者にとっても、企業にとっても、国にとっても得だと言えます。

職場での災害や職業病が原因で、不幸にして命を落とした場合、遺族に対して遺族年金が支給されます。また、会社が従業員を一人でも雇用すれば、労災保険は強制的に適用されます。こうしてみると、企業にとって労災保険は、損得にもとづいた選択を許さない制度だと言えます。

【国民年金と基礎年金】一九六一年に導入された国民年金は、もともと自営業者や農林漁業従事者等のそれまでの職場で年金の適用を受けていない人を対象とした定額の年金でした。他方、サラリーマンの年金は所得比例で職域ごとに分かれていました。一九八五年に厚生年金等の職域年金が定額部分と所得比例部分に二分割され、定額部分の旧厚生年金等の部分と国民年金が統一され、すべての加入者に共通する基礎年金が確立されました。専業主婦の年金も、ここで導入されました。現状では、国民年金と基礎年金は同じ内容で、老齢基礎年金、遺族基礎年金、障害基礎年金を含むものとなりました。

06

年金は若者にとって損ですか？

●どうして若者ばっかり損するの？

これには誤解もあると思います。少子化の影響で、若者は自分たちより多くの親世代の高齢者の年金を賄うために大きな負担を強いられ、自分たちの世代が年金を受給する時代にはより少ない子ども世代の負担に従い年金が削減されて損をすると、多くのマスコミが繰り返し論じています。間違いとは言いませんが、見方が一面的です。より広い視野から見てもらいたいと思います。

賦課方式の年金財政においては、人口構成の変化の影響を直接受けるため、このままいけば人口が少ない世代ほど、その世代の負担は重くなります。つまり、今の若者世代は比較すれば、損をするということになります。

この説明は正しいですが、一つ説明が必要です。「このままいけば」というのは、あくまで仮定です。変更が可能であり、いくつかの対応策が考えられます。まず、年金支給開始年齢を引き上げることで、負担者と受益者の比率変化を緩和できます。年金の正規支給開始年齢は、かつての六〇歳から六五歳になりましたが、さらに六七歳、六八歳に引き上げることはできるでしょう。実際にも、先進諸国の多くが、平均寿命の伸長に沿って年金支給開始年齢を引き上げています。

また、人口構成が変わらなくても、女性の労働力化の進展、パートなど非典型雇用への社会保険の適用拡大等によって、年金拠出者と受給者の比率を改善させることができます。さらに、賦課方式から積立方式へ徐々にシフトさせていくことで、世代間の不平等を緩和・是正することも可能です。もちろん、一挙に変更はできませんが、時間をかけて積立方式の比重を高めていくことは可能です。

こうした措置とは別に、かりに世代によって損得が生じたとしても、それは保険制度では決して珍しいことではありません。リスクの異なる集団が、すべて強制適用のもとで連帯するのが社会保障です。たしかに、いまの若い世代は損をする人の比率が高いのですが、これはあくまで平均値です。個別に見れば、利害は多様です。若者のなかにも得をする人はたくさんいますし、高齢者のなかにも損をする人もいます。ただ、若年者集団のほうがより損をする人の割合が多く（確率が高く）、高齢者のほうが得をする人の割合が多い（確立が高い）ということであって、一人ひとりが損をするか得をするかは、また別の問題です。

今の若い世代にあっても、長生きすれば得をするでしょう。同様に今の高齢者世代でも、年金受給年齢を目前に控えて亡くなったり、かなりの高年齢まで高額所得で働き続けたりすれば、損をする可能性は高いでしょう。平均値での議論は、あくまで理論上の一つの可能性にすぎず、自分が平均値に該当するかどうかなど誰にもわからないのです。

たとえば、失業保険について言えば、大企業のほうが中小企業よりも失業率は低いです。建設業のほうが金融業よりも失業率は高いでしょう。だからと言って、大企業と中小企業で保険料が違うわけではありませんし、産業によって保険料率が違うことはありません。保険料は一律であり、産業別に設定されているわけではありません。だからこそ社会保障なのです。リスクに応じて保険料と給付の設定が行われれば、民間保険になってしまいます。社会保障は、利益を不可欠の目的とする民間保険とは違うのです。

同じ年金制度において、同じ年代層に属していても、得する人もいれば、損をする人もいると理解したほうが適当と思います。あとで説明していきますが、今の若い世代でも年金で得する人が多数を占めることに変わりはないと考えます。逆に、お父さん世代であっても、年金受給開始を前にして亡くなる人は、みんな損をしていると言えます。生涯に支払った年金保険料総額と生涯受給する年金受給総額との関係から損得を言うとすれば、圧倒的多数の人がどの年齢層でも得をするはずです。それは、年金の財源が本人の保険料だけでなく、税金を財源とする部分もあり、さらに保険料の半分は企業負担があるためです。

今は若者でも長く生きていき特定年齢を超えれば、みんな得をすることになります。世代間の不均衡を越えて、多数の人が得に転じます。若くして亡くなる人は、年金においては必ず損することになりますが、そういう人はどの世代でも特定比率存在します。

●やりすぎは損する学生アルバイト

アルバイトをしない大学生はいないと思います。アルバイトしすぎで学業が疎かになって、苦労している学生も多いですね。このアルバイトですが、社会保障ともかかわります。稼ぎすぎると、損をすることにもなります。そこまでよく考えないでアルバイトしている学生も多いと思います。社会保険に加えて、税金の問題もあわせてみていきましょう。

まず、年収が一〇三万円を超えると所得税が課されます。また、住民税については、居住する自治体によって異なる部分もありますが、概ね年収一〇〇万円を超えるところで住民税が課されます。学生でも例外ではありません。さらに、年収が一三〇万円を超えると親の社会保険の扶養家族から除外されてしまいます。サラリーマンの健康保険においては、家族の人数に関係なく保険料が賃金の特定比率徴収されますが、扶養家族として被保険者であった大学生が一三〇万円の年収でもって資格を喪失します。当然ながら、自分で国民健康保険に加入することになり、その保険料が新たに徴収されることになります。条件を満たせば、厚生年金にも同時に加入となります。

学生本人に課される税金や社会保険の保険料だけが問題ではありません。父親の経済的負担が増える影響を及ぼします。扶養する子どもが扶養家族から外れますので、父親の所得税における扶養控除額が三八万円減ります。したがって、父親の税金が高くなり、手取り収入が減ります。税額は親の所得水準によって異なる税率によって計算されます。高額所得者ほど、高率で高額になります。住民税も所得に応じた税率によって決定されます。それだけではありません。日本の給与には、基本給とは別に諸手当があります。諸手当の一つに扶養手当（家族手当）があります。運営方法は企業にもよりますが、多くの場合、税や社会保険の扶養関係と連動していますので、これまで支給されていた扶養手当が支給されなくなります。つまり、お父さんの所得税が上がり、賃金に含まれる手当も下がるのです。

国民健康保険の保険料は、自治体によって異なります。保険料率も、部分的に所得に応じて決まります。世帯ごとに負担する定額部分もあり、一人で国民健康保険に加入する場合は若干損するようなこともあります。

このように、新たに所得税、住民税、国民健康保険の保険料をとられ、父親は税が増額され、扶養手当（賃金の諸手当）も無適用となり、全体では大きな損失となると思います。年収一〇三万円から一三〇万円の周辺にこうしたボーダーがひしめき合っているのです。学生本人と父親と世帯全体では大きな負担増となります。一〇三万円を超えるアルバイトについては、家族でよく相談して決めることが望まれます。アルバイトのうち二〇～三〇万円分、ただ働きをすることと同じです。親の立場からすれば、お小遣い増やすからアルバイト抑えて、と言いたいくらいでしょう。

●フリーターと年金の関係

フリーターは、特定の就業形態を指すものではありません。正規・非正規にかかわりなく、企業に拘束されるのを嫌い、アルバイトや派遣、短期雇用などを自由に行う人たちを総称するものと思われます。そして、このフリーターが社会保障の空洞化をめぐる議論にしばしば登場してきます。つまり、彼らこそが、社会保障の適用から意図的に外れる人のように言われるのです。

最近の研究によると、フリーターにはいくつかのパターンがあるようです。一つは、企業や社会に縛られることを嫌い、夢を追い続けてフリーターになっている人たちです。彼らの多くは社会保障制度に対する執着はなく、社会保険の適用を必ずしも望まない人たちのようです。二つめは、正規の社員を希望したけれど叶わなかったため、やむなくフリーターとなっている人たちです。彼らは、できれば社会保障の適用を希望しますが、実際にはその機会が与えられていないことのようです。フリーターの多くは低賃金であり、保険料を負担することも困難なため、未納になっている事実が報じられています。三つめは、前の二つのグループのどちらにも属さない人たちです。彼らは好きなときに働き、いやになったら辞める生活を繰り返しています。老後のことまであれこれ考えていない人たちが多いようですが、そのうち気がついたら中年になり、正社員として就職しようとしてもすでに遅く、やむをえず不安定な就労を続けている人も含まれています。もっとも、フリーターとは三五歳未満の人を指すようで、三五歳を過ぎればただの無業者となります。

さて、社会保障との関係から損得の考察をしてみましょう。よく言われるのが、同じような仕事をしていて正社員とフリーターで社会保障ではどのような差が出るのか比べてみましょう。一般民間企業で正社員であれば、当然会社の健康保険や厚生年金等に強制加入となります。あとでパート労働のところでもふれますが、正社員でなくても特定の条件を満たせば、社会保険の加入が可能になります。ですから、同じフリーターでも会社の社会保険に加入する人もいれば、会社の社会保険は加入せずに自分で国民年金や国民健康保険に加入するかどちらかになります。この二つの選択肢を比較してみましょう。国民年金や国民健康保険にも加入しないフリーターも多いようですが、ここでは考察の対象とはしません。

●事例・フリーターの年金

フリーターの多くは、厚生年金に加入していないと思われます。企業で労働すれば、必ずしも正社員でなくても条件を満たせば、会社の健康保険や厚生年金等に加入できます。ここで、会社の社会保険に加入しないフリーターと会社の社会保険に加入する社員の年金制度を比較してみたいと思います。**表1**に概略が示されています。フリーターの場合、国民年金には自分個人で加入することになります。正社員でなくても、条件を満たした社員はフリーターであっても会社の年金である厚生年金に加入することができます。その場合、厚生年金の保険料を払うことになります。保険料は会社と折半なので、半額で済みます。老後の年金給付については、国民年金に加えて、厚生年金も支給されることになります。

いまモデルケースとして、二〇歳から六〇歳まで四〇年間労働する場合を想定します。フリーターのAさんは会社の厚生年金未加入で、国民年金のみに加入します。Bさんは会社の厚生年金に加入するとします。Aさん、Bさんの年金の負担と受益を比較してみましょう。Bさんの保険料は報酬によって決まりますが、かりに報酬が一八万円とします。Bさんの保険料は月一六四七〇円で、国民年金の定額の保険料とほぼ同じ金額になります。**表1**のとおり、保険料の金額のうえでは、AさんもBさんもほとんど同じ保険料を毎月払い、四〇年続けるとします。Aさんがもらえる年金は国民年金だけで月六万四九四二円となりま

[表1] フリーターと正社員の年金

Aさん・フリーター

保険料（国民年金）	月額	16,490円	総額	7,915,200円
国民年金支給額	月額	64,942円	年額	779,300円

Bさん・正社員（標準報酬：180,000円）

保険料（厚生年金）	月額	16,470円	総額	7,905,600円
国民年金支給額	月額	64,942円	年額	779,300円
厚生年金支給額	月額	39,463円	年額	473,558円
Bさん年金合計	月額	104,405円	年額	1,252,858円

〔出典〕筆者作成。

す。他方、Bさんは同額の国民年金のほかに月三万九四六三円の厚生年金が支給され、合計月一〇万四四〇五円となります。

これは各月の状況です。この差額が生きている間ずっと続くわけです。ここで示したのは、あくまでも報酬比例部分の厚生年金です。実際には、もし配偶者か子どもがいれば、配偶者の国民年金に加えて、加給年金が二二万四三〇〇円、子どもの分もそれ以上加算されることになります。国民年金には加算はありませんので、年金支給額の相違はさらに拡大します。これは月額の違いですが、この違いが平均で二〇年くらい続くのですから、相当の差となります。

誰がみても、Bさんが得です。正社員等が加入する厚生年金に加入することが、フリーター等の若い労働者にとっても大きな得になります。パートタイム労働者のところで説明しましたが、政府は最近、社会保険の適用拡大をめざしています。比較的安い保険料で、比較的高い給付が認められることを可能にします。正社員でなくても、条件をみたすならば、会社に加入をお願いしたほうがよいでしょう。

●若者と社会保障

日本の社会保障は、他の先進諸国と比べて必ずしも充実していません。アジアでは優等生ではありますが、欧州と比べればかなり不十分です。日本の社会保障の一つの特徴は、高齢者関係の給付に集中していることです。年金や医療（とくに高齢者医療）、介護保険、高齢者福祉等、社会保障のかなりの部分が高齢者に向けられています。生活保護も圧倒的多数の受給者は高齢の貧困者です。もちろん、欧米でも多かれ少なかれ同じような傾向はありますが、日本はこの傾向が際立っています。

逆に言えば、日本では若年者世代が受給者になるような社会保障が少ないのです。これは、社会保障の全体の制度設計の問題です。若者が受給対象となりやすい社会保障制度がないわけではないのです。それらの制度を日本政府が選択して導入してこなかったということです。健康保険は若者も使用しますが、多くの若者は病院になど行ったこともないような人たちです。若者は負担する人、高齢者は受給する人といった構図が定着しています。これでは若者は、社会保障からしだいに離れていってしまうでしょう。

他方、欧州では若い世代も受給できるような機会が多いように見えます。子どもが生まれる前の母性保護給付から、育児給付、家族給付等は充実しています。家族給付は義務教育期間を超えて、18歳やそれ以上の年齢まで支給されます。保育は無料であったり、低額です。各種休暇手当も充実しています。休暇中の所得保障も高い水準に設定されています。両親が若い家族には、いろいろな支援があります。社会保障だけでなく税的優遇もあります。教育手当を社会保障制度として運営している国もあれば、社会保障とは別に学校教育がすべて無料だったり、ごく低い額に抑えたりしている国も多いです。若者が恩恵を受けられる機会はたくさんあります。

07 男性と女性、どっちが得ですか？

●年金は女性に差別的？

年金制度は女性に差別的であるように言われることが多いです。もともと年金に加入するのは労働者であり、年金は労働者の権利として成立しました。女性に限らず、労働しない人は適用から除外されてきました。保険原則の結果、仕事に就かない女性には年金権がなく、限られた期間のみ仕事に就いた女性の年金は、当然ながら比較的少額です。

一九八五年に基礎年金が導入されるまで、日本には女性、とくに専業主婦の年金権は認められていませんでした。わずかに国民年金への任意加入の制度があっただけで、実際に加入していた主婦はごくわずかでした。当時は、サラリーマンの場合、夫の厚生年金は、妻がいる場合に付加年金として一〜二万円増額されただけで、給与における扶養手当のような存在でした。

現代社会においては、女性をめぐる環境は一変しました。女性の労働は一般的になり、専業主婦のほうが少数派になりました。基礎年金とともに、すべての女性の年金権が確立されました。他方、離婚率が高まり、家族関係も複雑化しています。こうした社会の変化は、女性の年金にも影響を及ぼします。

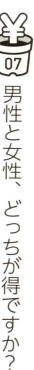

●長寿の女性は得！

しかし、年金に関して女性が必ずしも不利とばかりとは言えません。逆に、有利な場合もあります。そこで、女性に有利な根拠をお話ししましょう。厚生労働省によると、日本人の平均寿命は二〇一六年時点で男性八〇・九八歳、女性八七・一四歳で、女性のほうが六・一六年長く生きています。つまり、女性のほうが年金を六年以上長い期間受給できるわけで、男性より得をすることになります。

かつて、日本では厚生年金における年金支給開始年齢は、男性六〇歳、女性五五歳でした。より長く生きる女性が、男性よりも早く受給しはじめるのは不合理にも思えますが、損得で考えれば、女性の有利さをさらに広げたと言えます。ただし、これは働く男性と働く女性の場合でした。女性の年金年齢が六〇歳に引き上げられる過程で、今度は男性の年金年齢が六五歳に引き上げられ、最終的には男女ともに六五歳に統一される予定です。国際的に見ても、年金年齢は男女平等化の傾向にあります。欧州では、特定国における男女間の異なる年金年齢の設定が、男女平等を規定するEU法に抵触するということで、これに該当する加盟国は法改正によって年金支給開始年齢を男女平等にしています。

ほかにも、年金制度において、女性のほうが明らかに得と思われることがいくつかあります。以下で紹介していきましょう。

●サラリーマンの妻

現行制度では、サラリーマンの妻は、国民年金において第三号被保険者と呼ばれ、保険料を納付しなくても、将来の年金受給が認められます。この点に限って言えば、国民年金は専業主婦にとって明らかに得です。

収入のない学生ですら保険料を強制されるのに、専業主婦は生涯にわたって保険料負担が免除されるのはおかしいという主張があります。また、働く女性は自分の給与から保険料を払って受給権を得ているのに、専業主婦は働かず拠出もせずに年金がもらえるのは不公平だという批判があります。さらに、同じ専業主婦であっても、自営業者の妻の場合は、自営の仕事にいっさい従事しなくても、自己責任で国民年金に加入しなければなりません。つまり、夫の自営業収入から妻の分の保険料も負担しているわけです。なぜサラリーマンの妻だけが拠出を免除されるのか、不公平ではないか、という批判を受け、いま改革論議が巻き起こっています。そして、いくつかの選択肢のなかから、何らかのかたちで専業主婦にも財政負担をしてもらうという意見も出ています。

こうした意見は、働く女性が増えるにしたがって一段と強まっているように思われます。ところが、ヨーロッパの多くの国では、保険料を負担しない主婦は年金から除外せよ、といった主張はほとんど聞かれません。逆に、主婦の家事労働を評価し、年金においても特別な配慮を認めている国が多いのです。たとえば、フランスでは子どもを三人育てた主婦の年金を一律一〇％増額したり、育児期間中の無拠出期間を年金計算に反映させる国もあります。

【第三号被保険者】厚生年金や公務員年金などの被用者年金の被保険者本人（サラリーマン）は第二号被保険者とされ、第二号被保険者の被扶養配偶者で二〇歳以上六〇歳未満の者（サラリーマンの妻）が第三号被保険者となります。また、それ以外の日本国内に住所を有する二〇歳以上六〇歳未満の者で、第二号被保険者や第三号被保険者でない者を、第一号被保険者となります。

●基礎年金の資格変更届忘れの救済

サラリーマンの夫が失業したり、退職したりする時、夫も妻も年金資格が変わります。サラリーマンの妻は第3号被保険者であったのが、第1号被保険者となります。第3号被保険者では、妻は保険料を納めなくても年金計算式に反映されますが、第1号被保険者になると、自分で保険料を納めなければなりません。もし、納めなければ、当然ながら年金支給額が減額されることになります。ところが、夫の失業や退職等にもかかわらず、専業主婦が何も変更手続きをしていなかった場合、そのまま年金計算に反映されてしまうことになります。つまり、資格変更手続きをしなかったために本来の規定より高額の年金を受給してしまった人がたくさん存在したことになります。

届出忘れの該当者は一〇〇万人にものぼると予想され、政府は対策を打ち出しました。当初、過去二年間の保険料を払えば、それ以前の未納期間も納付済み期間とみなす特例を施行しました。ところが、正しく届出をして真面目に支払っている人もいるのに、届出を怠った人を救済するのは不公平であるとの批判が殺到しました。そこで、二〇一三年より、政府は届け出を忘れていた期間をカラ期間として、年金額の算定には反映させないこととし、資格認定には認めることにしました。

●男女格差がある?

年金制度自体には、男性・女性に固有の規定はありません。働く男性と働く女性の間は差別なく平等な規定が適用されます。しかし、いくつか注意すべき点はあります。女性労働者と男性労働者の関係を見ると、日本では女性労働者の年金はかなり劣悪な状況にあることが確認できます。まず、一般に女性の賃金は男性の賃金よりも低いです。それだけでも、女性の年金受給額は男性の年金よりも低くなってしまいます。さらに、女性は労働期間が男性より短くなるのが一般的です。結婚や出産を契機に退職する女性が多いですし、職場に復帰してもパート雇用などで年金の適用を受けられない場合もあります。結局、被保険者期間の合計は男性に比べて短くなることが多いのです。被保険者期間は、年金額算定の重要な要素になります。もちろん、女性でも高額所得者で長年勤務していれば高額年金となりますが、女性全体のなかでは少数派となります。

保険原則に従えば、支払った保険料も少ないわけですから、支給額が低くなるのも当然と言えます。これは男女差別ではなく、労働期間や賃金の格差の問題であり、男性間にも確認できることです。ただし、ヨーロッパ諸国のように、育児休業期間中でも働く女性の年金権への参入を認めるなどの保護措置があったり、母性保護の規定により、年金は女性にとってより得だと言えるでしょう。

●遺族年金

遺族年金については概略をすでに紹介しました。ここでは、改めて遺族厚生年金の支給形態についてより詳しく取り上げたいと思います。遺族厚生年金の支給方法に関しては、やや複雑な規定があります。妻が専業主婦であるか、労働しているかによって事情が異なります。また、同じ働く妻であっても妻の収入によって事情が異なってきます。制度的には、図3に示すとおり四つのパターンがあります。

図の左側は専業主婦世帯で、夫が生存している場合の一般的な年金です。夫は基礎年金と厚生年金を受給します。妻は基礎年金を受給します。さて、不幸にも夫が亡くなった場合、遺族厚生年金が適用となります。

[図3] 遺族年金の受給パターン

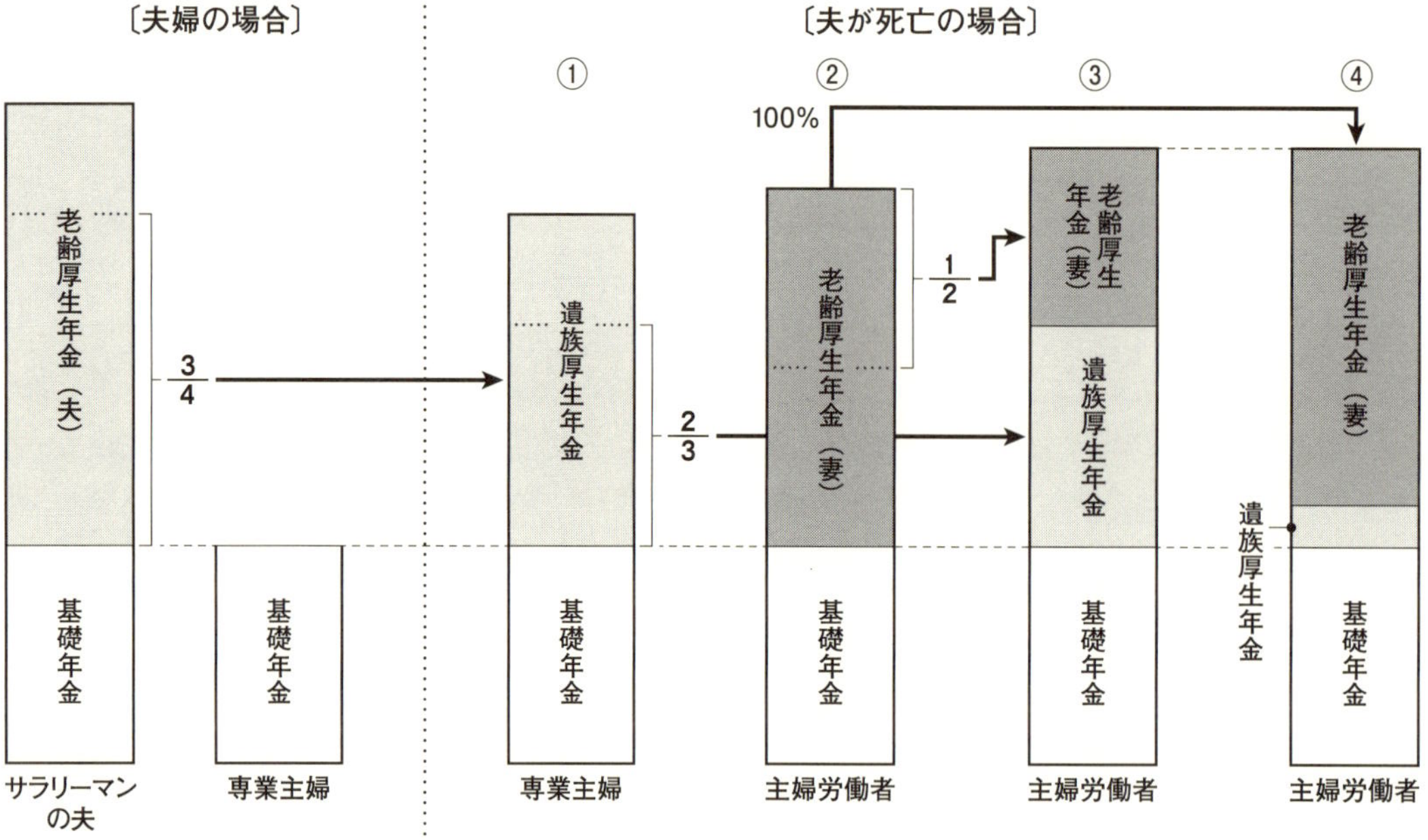

〔出典〕著者作成。

まず、①のパターンは専業主婦の場合です。自分の老齢基礎年金が六五歳から受給できるほか、遺族厚生年金が夫の死亡時以降受給できます。この場合、遺族厚生年金は、夫が受給する予定支給額の四分の三相当になります。妻は保険料を負担することなく、夫の厚生年金から遺族厚生年金を受けられ、加えて六五歳から自分の老齢基礎年金まで受給することができます。得をしたと思えるのではないでしょうか。

一方、働く女性の場合、夫の遺族厚生年金は不適用となります。自分の老齢基礎年金と老齢厚生年金の受給となります（②のパターン）。夫が長年拠出してきた厚生年金から支給がなく、損だと感じるかもしれませんが、拠出してきた夫本人はすでに天国です。残された妻も労働による収入があるので、生活は危機に晒されません。

①、②のパターンは、妻が働いているか否かによって決まるもので、もはや損得を云々できません。遺族厚生年金の受給に際しては所得制限があり、特定収入以内であれば扶養と認められ、遺族年金は働く妻にも支給可能となります。

夫の遺族厚生年金の支給額のほうが、自分の老齢厚生年金より高い場合もありえます。男性のほうが一般に女性より給与水準が高いことに加え、女性の場合、子育て期に退職したりした結果、被保険者期間が男性より短いことも多いため、四分の三相当であっても、妻の老齢厚生年金を夫の遺族厚生年金が上回ることもあります。自分の老齢厚生年金の支給は被保険者本人が六五歳から開始されますが、遺族厚生年金の支給は夫の死亡時点から開始されます。

続いて、日本の年金では、自分の老齢厚生年金と夫の遺族厚生年金の両年金を減額して併給する方法が認められています。二つの年金のうち一つだけがフルに適用され、もう一つが放棄されることへの批判に配慮したものでしょう。痛み分けといったところでしょうか。自分の厚生年金の二分の一相当と夫の遺族厚生年金の三分の二相当が受給できます（③のパターン）。

さらに、二〇〇七年からは、③の場合の総額は変えないで、自分の厚生年金を優先させて一〇〇％支給し、③の老齢厚生年金の二分の一と夫の遺族厚生年金の三分の二の合計額との差額部分を、夫の厚生年金から支出する方法に変更されました（④のパターン）。つまり、金額は変えず、出所のみを変更するという子どもだましのようなやりかたです。やはり、自分で拠出してきた年金を重視したのでしょう。また、③であれ④であれ、夫の所得が突出して高かったり、妻の所得がかなり高かったりすると、①か②のほうが、③や④の場合より高額の年金となります。

いずれにしても、働く妻は「損をした」と感じるかもしれません。自分の老齢年金をもらえば、夫の遺族年金が全部、あるいは一部（かなりの部分）もらえなくなるのですから。夫の遺族年金をもらえば、逆に自分の年金がもらえなくなることもあります。何のために長年、高額な年金保険料を払ってきたのだろうと、妻は嘆くかもしれません。亡くなった夫が拠出してきた年金からの遺族年金の受給が認められないことも損だと感じるでしょうが、自分が拠出してきた老齢年金が制限されるのは、もっと不合理だと感じるでしょう。

民間の保険であれば、長年保険料を払ったのに、家庭状況に応じて受給をストップされることはありません。夫の生死にかかわらず、個人年金は支給されます。

ただし、個人年金には遺族年金がないこともあります。遺族年金が設定されている個人年金商品もありますが、当然、そのぶん保険料は高くなります。通常、契約者である被保険者本人が生存していて支給されるのが個人年金であり、それ以前に亡くなれば、予定されていた受取人に一時金で清算されるのが一般的でしょう。その際、受取人は必ずしも配偶者とは限りません。

夫が亡くなれば、そのぶんの生活ニーズはなくなりますから、夫が生きていた場合に受給できたであろう年金と比較しても仕方がありません。いま必要な経済力を、何らかの方法で確保できればよいでしょう。夫の遺族年金と自分の老齢年金の二つの年金は、必ずしも必要ないはずです。保険料を払っていたからといって、ニーズのなくなったリスクに対処する必要はないというのが、社会保障の考え方です。

●婚姻と年金

専業主婦の場合、かつて妻の年金権は夫の年金権に付随してありました。専業主婦の基礎年金が保険料を払わずに認められるのは、婚姻関係があるからにほかなりません。婚姻関係になかったならば、同棲生活をしていても年金権は認めてもらうのは難しくなります。

遺族年金を受給できるのは民法上の妻です。つまり、婚姻関係を認められた妻でないと、受給はなかなか認められません。国際的にも保守的で遅れているといわれる日本の民法の規定に従って、社会保障も運用されています。したがって、損か得かの評価もこれに左右されます。結局、婚姻関係にあれば得をし、婚姻関係にないと損をする場合が多いのです。他の先進諸国に見られるように、事実婚や共同（同棲）生活の期間に応じた平等な年金権の分割が認められないのは、日本の年金制度が遅れている不備な点だと言えるでしょう。

二〇〇四年の年金改革において、厚生年金の年金権を夫婦間で分割することが規定されました。つまり、婚姻期間中に構築した夫の厚生年金の受給権は、夫婦間で二分割することが可能になり、妻がその間の年金分を請求できることになったのです。ただし、あくまで民法上の婚姻期間中に構築した年金権についてのみそれが可能であり、しかもそれには夫の合意が必要とされている点が問題として残されています。

●男性差別？

公的年金制度は一般に女性に不利な部分がありますが、もう一方で得な部分もあることは先に述べました。それでは、男性にとってはどうでしょうか。働く人の権利として年金が構築されている以上、ほとんどの人が働く男性の場合は、権利がより強固になり、男性にとって得ではないかと思われます。しかし、女性に比べて明らかに損だと言える部分もあります。

第一は、遺族年金です。まず、国民年金においては、男性に遺族年金が認められる可能性はゼロです。女性の場合は、「子のある妻」に適用が可能です。次に、厚生年金においては、より遺族の対象は広くなりますが、なぜか男性の場合は年齢制限が五五歳以上に設定されており、五五歳未満での夫の受給可能性はゼロです。また、就労していると、当然ながら受給資格を失います。男性のほうが働いている場合が多いことは、言うまでもありません。さらに、所得制限額が男女で異なり、ここでも男性は差別されています。

第二は、平均寿命の男女差を反映して、男性の平均受給期間が女性よりかなり短くなることです。したがって、同じ期間拠出しても、年金受給総額では男性に不利になります。もちろん、これはあくまで平均値の話であり、男性でも長寿の人はたくさんいます。しかし、夫婦で老後を迎えた晩年には、妻が一人暮らしで残される場合が多くなります。

第三は、サラリーマンの妻に対する特別な措置（第三号被保険者）は、夫には認められないことです。サラリーマン女性の夫には、この措置はありません。男性は働くのが当たり前で、働かない男性には何の保護も認められていないということです。専業主婦が保険料を払わずに基礎年金の受給権を得る措置が専業主夫にも認められなければ、本当の男女平等とは言えないのではないでしょうか。

男性だからといって、女性に比べて年金が得だとは一概に言えません。また逆に、女性は年金で必ず損をするとも断言できません。得をする人もいますし、損をする人もいるでしょう。

08 働き方で損得がちがうの？

雇用形態は近年、ますます多様化しています。したがって、社会保障の適用が複雑化する傾向にあります。社会保険において、企業が保険料負担を回避するために、雇用形態を意図的に複雑化させている側面もあるようです。働き方によって変わる社会保障の適用に及ぼす影響をみていきましょう。

●自営業者は損？

日本の社会保障でよく指摘される問題に、「制度間格差」があります。サラリーマンの加入する厚生年金と、自営業者の加入する国民年金の格差のことです。一般的にサラリーマンの加入する社会保険のほうが、給付内容は格段によくなっています。しかも、保険料は会社が半分負担してくれます。自営業者の場合は会社負担がなく、全額本人負担となります。さらに、サラリーマンは通常、厚生年金と国民年金に同時加入となります。国民年金のみ適用の自営業者とちがう点です。したがって、よく聞かれるのは、「サラリーマンは恵まれている」「自営業者は損だ」という声です。

とくに、給付水準の差が大きいことから、自営業者の年金は不備だと言われています。そこで、自営業者の年金は損かを具体的な事例から検証してみます。ここでは、負担に対して給付が十分かどうかという視点に沿って分析していきます。

●事例・自営業者とサラリーマンの比較

表2は自営業者とサラリーマンの年金の比較を示しています。ここでは三世帯を想定します。A世帯は自営業者、B世帯は夫がサラリーマンで妻は専業主婦の世帯、C世帯は夫婦でサラリーマンの共働き世帯です。B世帯の夫は標準報酬が三六万円、C世帯は夫婦ともに標準報酬が一八万円とします。すべての世帯で四〇年間年金加入とし、満額年金とします。世帯当たりの保険料合計はほぼ同じになるように設定しました。やや強引な設定ですが、違いを明らかにするためです。

三世帯とも毎月の保険料は三六〇〇〇円余りでほぼ同じです。四〇年間の保険料総支払い額もほぼ同じです。違いは年金支給額に現れます。まず、A世帯では、基礎年金が夫婦二人分で世帯合計一五五万八六〇〇円となります。B世帯では、夫婦の基礎年金に加えて夫の厚生年金が約九四万七一一七円と高額なうえ、妻に加給年金二二万四三〇〇円が加算され、世帯年金合計では約二七三万円になります。

共働きのC世帯は、夫婦とも基礎年金と厚生年金が約一二五万円支給され、世帯合計では約二五〇万円となります。これを見て、自営業の相対的不利が明らかです。同じ負担額にもかか

［表２］自営業者とサラリーマンの年金比較

A世帯（自営業）

夫：	保険料月額・総額	月16,490円・総額7,915,200円
	年金年額	779,300円
妻：	保険料月額・総額	月16,490円・総額7,915,200円
	年金年額	779,300円
世帯年金合計年額		1,558,600円

B世帯（サラリーマン・専業主婦）

夫：	保険料月額・総額	月32,940円・総額15,811,200円
	年金年額	（国年）779,300円 ＋（厚年）947,117円
妻：	保険料月額・総額	0
	年金年額	（国年）779,300円 ＋（加給）224,300円
世帯年金合計年額		2,730,017円

C世帯（サラリーマン・共働き）

夫：	保険料月額・総額	月16,470円・総額7,905,600円
	年金年額	（国年）779,300円 ＋（厚年）473,558円
妻：	保険料月額・総額	月16,470円・総額7,905,600円
	年金年額	（国年）779,300円 ＋（厚年）473,558円
世帯年金合計年額		2,505,716円

〔出典〕筆者作成。

わらず、A世帯とB世帯の間に年間一一七万円の差が見られます。A世帯の年金合計額はC世帯と比べても九四万円も低い水準です。この金額は年あたりのものですが、この差が平均で約二〇年にわたって続くのです。

保険料の労使折半、サラリーマンの妻の特別な措置の結果、こうした結果になるわけです。自営業者の妻に特別な保護措置がないことが、こうした差を増幅しています。自営業は夫に任せて、妻は別の会社に雇用されれば、また違った設定になりますが、かりに自営業を手伝わないで何もしていない場合でも結果は同じです。妻は独自に保険料を負担しなければなりません。

以上は、公的年金の話です。このほか企業であれば、企業年金があります。企業年金も保険料の半分かそれ以上の部分が企業負担となります。サラリーマンの年金収入が、さらに自営業者と差が拡大します。自営業者も国民年金基金等職域の年金が可能ですが、基本的には保険料は自己負担が原則になります。こうして見ると、サラリーマンに比べ、自営業者は損だということになります。

●非正規労働者

社会保障は旧来、夫は正社員、妻は専業主婦という世帯モデルを前提に設計されてきました。ところが、近年はこの前提が大幅に崩れています。戦後の社会で女性の労働力率が高まったことに加え、規制緩和の影響もあって派遣労働、有期雇用、パート雇用等といった非正規雇用が広がったためです。

非正規雇用は、契約内容と就労形態が多様なため、社会保障制度の適用のタイミング、条件づけが難しく、どこまで社会保障が適用され、どこから除外されるのかという線引きが容易ではありません。一つは、一定金額以上の年収がある労働者に社会保障を適用させる方法、いま一つは、週あたりの労働時間が一定時間を超えた労働者に社会保障を適用させる方法です。近年の就業形態の多様化は、女性だけでなく、男性にも広がっています。つまり、男性においても社会保障の適用から外れてしまう人が増えています。

そうしたなかで、非正規労働者を社会保障の対象に組み込むのかどうかは、将来の社会保障のあり方に大きな影響を及ぼすことになります。かりに対象から除くとすれば、国民皆保険・国民皆年金の原則は崩れ、やがて社会保障は空洞化していくでしょう。もちろん、厚生年金や健康保険から除外されても、国民年金や国民健康保険には個人で加入することになりますが、周知のとおり実際に加入していない人が増えています。長期的には、非正規労働者にも徐々に職場の社会保険を適用させていこうという方向に向かっています。労働時間条件、年収条件が低くされることになるでしょう。それは社会保障の担い手である拠出者を増やすためでもあります。

現状では、非正規労働者の多くは、企業の正社員の加入する厚生年金や健康保険から適用除外されています。その場合、非正規労働者は個人で国民年金や国民健康保険に加入することが必要となります。先ほど、自営業者とサラリーマンの間の年金の比較を行いました。サラリーマンは恵まれている事実を証明しました。同じことはここでも言えます。非正規社員は自営業者と同様に、国民年金と国民健康保険に加入することになりますから。しかも、じつは非正規社員のなかには国民年金や国民健康保険にも未加入のままの人も少なからず存在して、社会問題化しているのです。

●パート労働者への厚生年金適用

日本ではパート労働者の保護立法が十分整備されていません。パート労働者の多くは女性であり、一般に臨時的な雇用として扱われています。日本では解雇も比較的自由にでき、便利で安上がりな雇用の調整弁とみなされています。パート労働者が社会保険の適用を受けるには、年収と労働時間の条件を満たす必要がありますが、ここでは社会保険を適用することが損か得かを考えてみましょう。

まず、年金については、専業主婦であれば、保険料を負担しなくても夫の厚生年金等への加入によって、妻の基礎年金が認められます。その時点と比較すると、妻がパート労働をしながら厚生年金に加入すれば、この基礎年金のほかに自分の厚生年金の受給権も認められます。しかし、労働時間の短さと賃金の低さ、加入期間の短さから、厚生年金の支給額は多くを期待できないのが一般的でしょう。新たな保険料（標準報酬に一八・三〇%を乗じた額の二分の一相当）の負担で、新たに厚生年金部分のみを得ることになるため、あまり得になるとは思えませんが、女性の自立という意味からは歓迎すべきことと言えましょう。

パート労働者の厚生年金適用による損得を考えてみましょう。以前は、週当たり労働時間が正社員の四分の三以上で、年収が一三〇万円以上のパートタイム労働者に厚生年金が適用されることになっていましたが、二〇一六年一〇月一日から適用対象が拡大しました。従業員五〇一人以上の会社で働くパート労働者のうち、以下の四つの条件をすべて満たす場合に、厚生年金および健康保険が適用されることになりました。

① 一週間あたりの決まった労働時間が二〇時間以上であること
② 一か月あたりの決まった賃金が八万八〇〇〇円以上であること
③ 雇用期間の見込みが一年以上であること
④ 学生でないこと

この規定は二〇一七年四月一日から従業員五〇〇人以下の会社で働く人にも適用拡大されました。以前より労働時間、収入の両面で適用条件が緩和されました。年収一三〇万円以下で適用というこれまでの規定はそのまま維持されますが、一三〇万円以下であっても新たな規定である月収八万八〇〇〇円以上あれば、適用の対象に含まれることになります。

厚生労働省はパートタイム労働者の年金適用を奨励しています。日本年金機構もそのホームページで厚生年金への加入のメリットを強調しています。ご紹介しましょう。パート労働者が社会保険に新たに加入するメリットとして、次の四つの点を挙げています。

①将来もらえる年金が増えます
②障害がある状態になった場合なども、より多くの年金がもらえます
③医療保険の給付も充実します
④会社も保険料を支払います。一部の方は保険料が安くなることがあります。

●パート労働者の年金事例

本書のテーマと関係しますので、より詳しく検討していきましょう。まず、年金が増えるという点ですが、これが一番のメリットだと思います。基礎年金のみが適用される以前の状況に加えて、厚生年金に加入することで将来厚生年金がもらえます。日本年金機構のホームページでは、**図4**のように簡単なモデルが示されています。この事例に従ってみていきましょう。

図4の左側はこれまでのパート労働者の年金の状況になります。これまで国民年金に毎月一万六〇〇〇円の保険料を自己負担してきました。もし四〇年間フルに拠出していくと、基礎年

［図４］パート労働者の年金

保険料と年金額のモデルケース（40年間加入） ※金額は月額

※月収が増えると年金額も増えます。また受取開始後も、物価や賃金により上下するほか、少子高齢化による調整（減額）があります。

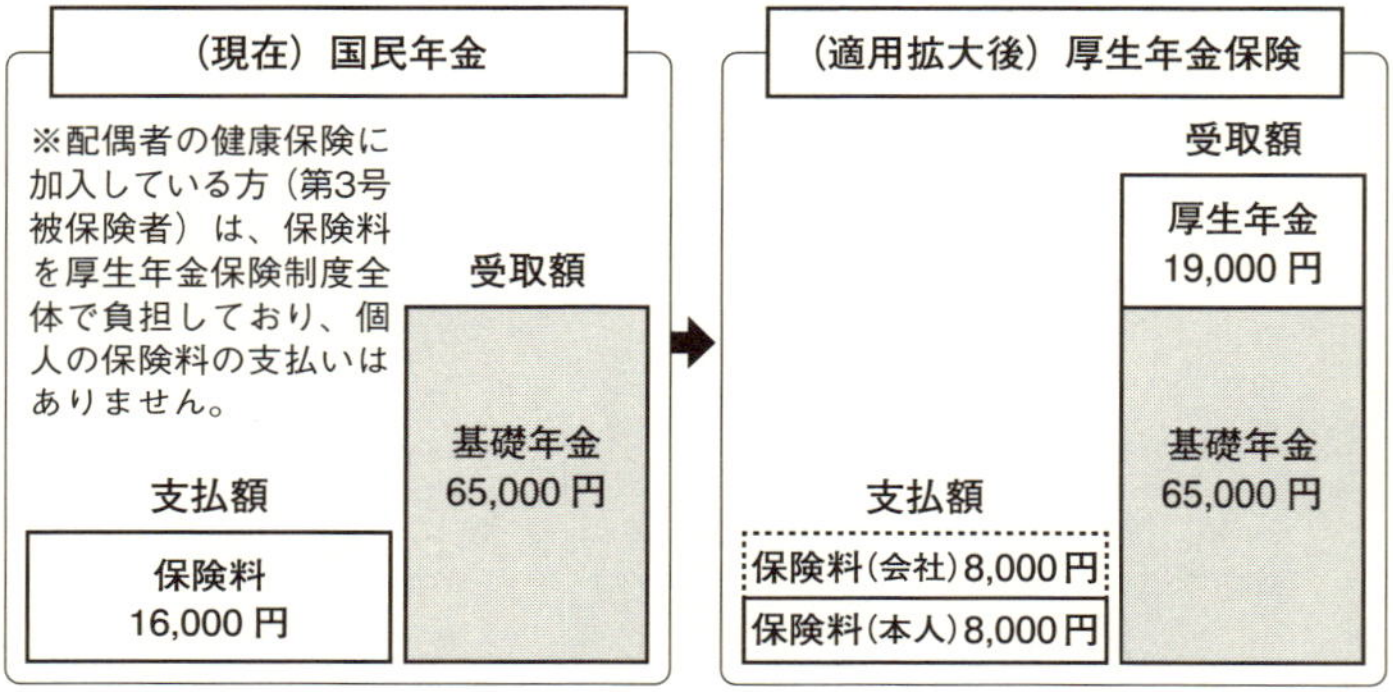

〔出典〕日本年金機構のホームページより引用。

金が毎月六万五〇〇〇円支給されることになります。今回の規定の改正により厚生年金に加入しやすくなり、実際に厚生年金に加入するとします。図４の右側を見てください。まず、保険料がこれまでと同じ一万六〇〇〇円ですが、会社が半分負担してくれますので、自己負担は半分の八〇〇〇円となります。他方、年金はこれまで通り基礎年金が六万五〇〇〇円毎月支給されるのに加えて、一万九〇〇〇円の厚生年金が支給され、合計で八万四〇〇〇円の年金受給になります。

　これは四〇年間の加入を想定したものですが、試算では二〇年加入であれば、毎月九七〇〇円の厚生年金が終身で支給されます。わずか一年の加入でも、厚生年金が五〇〇円もらえると描かれています。もちろん、パート労働でも給料がより高くなれば保険料も高くなりますが、年金受給額も高くなります。ここでのモデル事例にしても、保険料負担は半分に下がり、年金支給額は増えるのですから、こんなに得な話はありません。

以上は老齢年金の話ですが、その他のメリットも見ていきましょう。②の障害になった場合、あるいは扶養者がなくなられた場合、それぞれ障害厚生年金、遺族厚生年金が支給されます。両年金とも障害基礎年金、遺族基礎年金より内容が充実していますので、こちらも得と言えます。パート労働者でも、このような保障があれば、リスクに陥った時は保護されます。

メリットの③の医療保険に関しては、ここでは厚生年金と合わせて職域の健康保険に加入することを想定しています。国民健康保険には必ずしも傷病手当や出産手当のような現金給付がともなっていないこともありますので、傷病手当や出産手当等の現金給付が健康保険から支給されるところは、たしかに得のようにみえます。しかし、現物給付である医療サービスについては、これまで保険料払わずに夫の扶養者として等しく七割給付を受けていましたので、必ずしも得とは言いにくいと思います。これらの傷病手当にしても、パート労働者の場合、それほど利用する機会は多くないように思えます。

いずれにしても、保険料を企業が半分負担してくれて自己負担が半減することと、基礎年金に加えて厚生年金が支給されることは、明らかに国民年金のみが適用される場合より得と言えるでしょう。パート労働者もフリーターも自営業者も、一般サラリーマンと比べれば損と言えます。

ついでながら、他の社会保険にも言及しておきます。労働保険については、労働災害保険は就労形態にかかわらずすべての事業所に適用されており、パート労働者も例外ではありません。労災は全額事業主負担ですから、誰も反対はしません。労災保険は人に適用するのではなく、事業所に適用されるものです。パート労働者に限らずいかなる雇用契約の人でも、労災は適用されます。明らかに得と言えます。

問題は雇用保険です。週あたりの所定労働時間が二〇時間以上三〇時間未満の場合に、短時間労働被保険者として雇用保険の適用を受けます。つまり、年金や健康保険とも適用条件が異なるのです。また、その際、雇用期間が一年以上となる見込みであること、労働時間や賃金その他の労働条件が就業規則、雇用契約書、労働条件通知書などの文書で定められていることが条件となっています。しかし、パート労働者の多くは、この最後の諸条件を満たすことができません。

パート労働者は就労期間が曖昧です。長期間パートに従事している人も多くいますが、いつ解雇されるかわかりません。本人の自己都合で辞める場合も少なくないでしょう。このような雇用形態には、雇用保険は馴染みにくいのです。したがって、保険料を負担してまでも失業のリスクに備えたいと考えるパート労働者は少ないでしょう。

●派遣労働者

近年、日本でも派遣労働者は急速に増えました。規制緩和の流れのなかで、労働者派遣法の改正がこれに拍車をかけたことは明らかです。派遣労働によって、たしかに就業機会は増えましたが、もう一方で、正社員との格差が構造化したのも事実です。

派遣労働者の雇用保険は、一年以上の雇用が見込まれている場合、派遣元の会社で適用が可能となります。登録型派遣で、派遣先が一年以内に変わる場合でも、この規定は適用されます。同様に年金においても、派遣会社を使用者として厚生年金への加入が想定できます。しかしながら、一般的に派遣労働自体が若年層に典型的な就業形態になっており、労働生涯では一時的な役割を果たすことが多いのです。しかも、中高年に達した派遣社員は正社員になっていくのかというと、実際にはそれは難しい状況にあり、契約を停止されたときには再雇用がさらに困難になります。

とくに、年金のように長期にわたる加入を想定しますと、派遣労働者が十分な被保険者期間を確保できるかが問題となります。拠出期間が短いと、やはり低水準の年金になってしまいます。長期にわたる安定的な雇用がより多額の年金をもたらします。

●短期雇用労働者

短期間に限定して雇用される労働者が増えているのも、近年の特徴です。かつては、寒冷地から都会へ出てきた農民が、出稼労働者や季節労働者を形成していた時代がありましたが、いまでは年間契約や任期制、期間の定めのある雇用契約が一般化しています。短期雇用は終身雇用と違い、退職金はいらないし、景気変動にも対応できる、企業にとっては安上がりで便利な雇用形態だと言えます。

短期雇用労働者は、短期間で雇用が中断します。中断するたびに次の雇用契約が繋がっていれば、社会保障においても連続した雇用となり、大きな問題にはならないでしょう。しかし、短期雇用が途絶えることなく四〇年間もの長い労働生涯にわたって連続することは想定しにくいでしょう。また、年齢が上がるにつれて再雇用の機会は減っていくのが一般的です。短期雇用は通算すると雇用期間が短くなりますから、年金制度においては被保険者期間の合計も短くなり、多くの場合、他の非正規雇用と同様に、年金受給額も低くなります。また、数ヶ月というかなり短い雇用においては、そもそも社会保険が適用されません。同じ厚生年金であれば、通算されることになります。いずれにしても、短期雇用を繰り返す人については、年金制度にも多くの問題を抱えることになるでしょう。

●外国人の場合はどうなりますか?

欧州で一般的なように、内外人平等待遇原則が社会保障法においても徹底されているような国では、外国人も当該国民と同様に扱われるため、年金で直接損をすることはないでしょう。しかし、外国人に差別的な規定がなくても、実質的には外国人に不利益をもたらすような措置もありえます。

日本では、まず生活保護が外国人に適用されにくいといわれています。もともと「すべての国民」を対象とするのが生活保護であり（生活保護法第一条）、外国人には適用されていませんでした。準用規定により外国人への適用は可能とされていますが、依然として少数例です。巷では、この制度は日本人の汗によって賄われているのだから、外国人は適用外だといった理解まであったといわれます。しかし、納税については外国人にも強制されており、免除はありません。その税金で賄われている生活保護で外国人が適用外とされるのはおかしな理屈です。

社会保険制度については、日本でも国籍条項は撤廃され、外国人も平等に社会保険の強制適用を受けるため、表向きは外国人の適用差別はなくなりました。ところが実際には、さまざまな問題が残されています。日本では、年金の受給権が認められるには二五年間の被保険者期間が必要でした。ようやく最近の改正で一〇年間に短縮されましたが、それでも世界的にはアメリカとならんで最も長い被保険者期間です。

外国人にとって、この規定は非常に厳しいものがあります。通常、労働許可は数年であり、一〇年以上就労する外国人は少数だからです。日本は長い間、一方で強制適用によって外国人からも拠出を強要し、他方で年金の支給をほとんど行ってきませんでした。国家権力による詐欺的行為と言われても仕方のない状況にあったわけです。そこで、外国人の年金については、帰国時に清算払い方式で脱退一時金の支払いがようやく導入されました。国民年金と厚生年金それぞれ異なるやり方です。ここでは国民年金の事例を紹介します。

表3が国民年金の外国人への脱退一時金の支給額を表しています。外国人の年金脱退一時金の支給額は、保険料納付した期間によって異なります。ここでは最新の数値を示しています。国民年金の現在の保険料は月額一万六〇〇〇円余りですが、六ヶ月以上一二ヶ月未満加入した外国人が受け取る脱退一時金は一律四万九四七〇円です。一見、目を疑います。六ヶ月から一二ヶ月加入というと、一九万円から二〇万円近く保険料を払っているのに、お返しするのはわずかに五万円に満たない額です。以後、加入期間が長くなるに従って、脱退一時金の金額は上がっていきますが、それでも支払った保険料のごく一部に過ぎません。まして、三六ヶ月以上の場合は上限が二九万六八二〇円に設定されています。長期滞在し日本で就労したものの、年金の受給資格を得ていない外国人は、この金額までしか返してもらえないのです。

定額給付でない厚生年金はまた違う方法になりますが、国民年金と同様に、外国人の負担した保険料のごく一部しか戻りません。これはひどいと思いませんか？　自分が外国人であったら、こんな国に行って働きたいとは思えないでしょう。もし、労働が終わって本国に帰国する

［表3］外国人の年金脱退一時金

保険料納付期間	脱退一時金額（円）
6月以上12月未満	49,470
7月以上18月未満	98,940
18月以上24月未満	148,410
24月以上30月未	197,880
30月以上36月未満	247,350
36月以上	296,820

〔出典〕日本年金機構ホームページより部分的に引用。

時にこのような措置を知ったら、日本に対する失望感、不信感は計り知れないと思います。

つまり、外国人にとって、日本の年金は明らかに損なのです。通常、積立型年金保険であれば、元金である積立額に運用益を加えた額が年金給付として保障されます。日本の年金が外国人に任意の制度であるならば、誰も加入する外国人はいないでしょう。逆に言えば、外国人が加入すればするほど、日本人にとって得になるわけです。しかし、これでは貧しい外国人から搾取していることになり、先進国としては恥ずべき利得ということになります。

これまで、年金は損か得かについて検討してきました。得な場合もあるし、損な場合もあることが少しはおわかりいただけたと思います。そこで、今度は発想を変えて、どのような場合に年金が明らかな損になるか、特定の状況に絞って見ていきましょう。

09 損するのはだれ？

「金の生る木はない」と言われますが、年金についても、お金が自然に出てくるわけではありません。誰かが払って、誰かがもらう。財源が税であろうが保険料であろうが、収入と支出は世代を超えて均衡するはずです。平均では差し引きゼロですが、立場によっては損得の違いがでてきます。ただし、税金は市民が選択できるものではありません。保険料のみが、実質的な市民の抵抗できる手段となっているのです。それでは、誰が損をするのでしょうか。

●高額所得者

まず挙げたいのが、高額所得者です。彼らは、長年にわたり最高額の保険料を払い続けてきた人たちです。ところが、年金年齢に到達しても労働に従事し、高額所得が維持されていると、年金の支給が一部、あるいは全部支給停止されます。のちに11で在職老齢年金について説明します。明らかに損をしています。

企業の出世頭で、一般社員の定年後も企業にとどまり、社長や会長等のポストにある人たちを想像できます。もっとも、彼らのクラスでは、社会保障の年金なんて頼りにしていないで、莫大な財力を自ら貯めていることでしょう。社会保障の年金はまったく頼りにしていないかもしれません。でも、年金に関して言えば、明らかに彼らにとっては損と言えましょう。せっかく最高額の保険料を長年払い続けてきたのにもかかわらず、年金支給は制限されるのですから。お気の毒です。

本来、老齢年金のリスクは老齢、つまり六五歳になることですから、所得がどうであれ適用されてよいはずです。欧州の先進諸国でも所得制限がないのが一般的です。家族給付でも、老齢年金でも、他の社会保障制度の多くで所得制限はありません。自分で所得があるから支給しないというのであれば、当初の加入時点で所得のある人は任意加入とすべきでしょう。保険リスクに該当しない人まで強制適用させて保険料を強制徴収するのでは不合理と言えます。

●早期の死亡

年金においては、「老齢」という保険リスクに陥らないことが、逆に損となります。つまり、「老齢」というリスクは六五歳になることですから、六五歳を前にして亡くなってしまうことです。長年にわたって年金拠出を行ってきた人が年金支給開始直前で亡くなった場合は、著しい損失とみなされます。二〇歳から六〇歳まで四〇年間、毎月の賃金やボーナスの特定比率を払い続けると莫大な金額になりますが、この莫大な負担にもかかわらず、六五歳前に死亡すれば、老齢年金の受給額はゼロになります。また、そのとき扶養する家族がいなければ、遺族年金もゼロです。庶民の感覚からすれば大損です。

これほど極端な例でなくても、拠出期間と受給期間の関係が損得を決すると言えます。つまり、長生きするほど得で、より早く死ぬほど損ということです。あとで述べますが、負担した保険料総額と受給した年金総額から、均衡する損益の分岐点がわかるはずです。それ以上生存すれば得になり、それ以前に死亡すれば損になるというその分かれ目です。「損をするのは嫌だから長生きしてやる」とか、「払った分は絶対取り返す」といった発想は、こうしたところからでてくるのでしょう。年金の支給額の算定方法が決まっている以上、本書が前提としたように、負担と受益の関係から損得を評価するとすれば、すべてが生存年数、つまり年金の受給期間によって損得が判断できます。一方、扶養家族がいるときは遺族年金の適用になりますが、その場合、被保険者本人の余命だけでなく、家族構成や遺族の余命によっても損得の評価が決まります。

●申請しない人

社会保障は申請主義に立脚しています。したがって、受給権者側がまずアクションを起こさなければいけません。申請書に記載し、関係窓口に書類を提出して、自分の年金を申請します。行政は申請書にもとづいて受給権を確認し、支給の手続きを開始します。たとえ受給条件を満たしていても、黙っていては何も始まりません。年金は年齢になれば、自動的に預金口座に振り込まれてくるものではありません。

ところが、多くの人たちは自分には年金の受給権がないものと思い込んでいる人がいます。たとえば、結婚前の若い時代に短い期間だけ仕事をしていたとか、パートや嘱託などの不安定な仕事に就いていたとかで、自分で勝手に判断して、申請や請求をしないケースがあります。自分の年金権について理解し、それをきちんと証明でき、関係行政に年金の申請や請求を行うことのできる人は、少なくとも損はしません。実際には、年金の受給権がありながら、行政から連絡がなかったために受給できなかった人もいます。よく見かけるような年金で得するマニュアル本なども、申請主義のもたらした産物だと言えます。

これは社会保障の申請にとどまることではありません。日本では婚姻関係も届け出をしない限り事実婚が認められないため、遺族年金や第三号被保険者（サラリーマンの妻）としての国民年金の受給権が認められないことがあります。国民年金の免除申請も同様です。何らかの理由により保険料が払えない場合に、免除が段階的に認められます。その間に障害に陥れば、障害年金が適用されますが、申請していなければ生涯にわたり受給権は認められません。紙切れ一枚の手続きが損得を分けるのです。本書の最初に述べた、国民年金の学生猶予特例も同じことです。

●よく調べない人

社会保障にはさまざまな規定があります。これらをうまく活用すれば、思わぬ得をすることがあります。逆に、何も知らなかったり、ちゃんと調べなかったために損失を被ることもあります。

たとえば、被保険者期間の一〇年に一ヶ月でも足りなくて年金が受給できなかった人がいたとします。長年にわたって保険料を納めてきたにもかかわらず、わずかな差でまったく年金がもらえなくなります。事前に知っていれば、どこかで何らかの仕事に就いて帳尻を合わせたり、会社に相談して定年を一ヶ月遅らせたりすることができたかもしれません。制度によっては、遅れて保険料を払うことも認められています。それも、会社を辞めてから気づいたのでは、手だては難しいでしょう。**カラ期間**を認定してもらうのも一つの方法です。とくに女性の場合は、育児などで就労を中断したり、被保険者期間が短くなりがちなため、これらの措置は有用です。ほかにも、保険料の猶予措置や免除措置もあります。ただし、繰り返しますが、申請主義が基本ですから、自分からアクションを起こさないと何も始まりません。

いずれにしろ、何も知らず、何も調べないでいては損失を生む可能性があります。早くから制度を理解し、対策を練っておくことが損失回避のために大切です。

【カラ期間】合算対象期間を意味する。国民年金に任意加入だった期間、海外居住期間、二〇歳以上の学生の期間等の特定の理由により年金に加入していなかった期間を、資格認定上は必要な被保険者期間とみなすものです。この措置により、年金の受給権が保障されることになります。但し、年金額算定には反映されません。

●行政による不正の犠牲者

最近、残念なことに、厚生労働省はすっかり悪評の対象組織になってしまいました。組織のトップである事務次官の不正事件から、年金記録の喪失やずさんな管理、保険料の着服、裏金問題、年金基金の不適切な管理・運営、天下り組織との癒着、薬害事件と、際限なき不正が明るみに出ました。このような行政組織を信用するのは難しく、得するはずの社会保障が、いつどこで損につながるかわからない状況です。

社会保険庁の年金記録管理問題は、年金受給者の生活を直撃する深刻な問題だと言えます。払った保険料が正しく管理されていなかったり、記録がなかったりということになりますと、四〇年にも及ぶ労働期間の証拠は、被保険者本人の力ではなかなか確保できません。しかも、管理ミスだけではなく、記録の改竄や保険料の着服まで起きており、それすらも氷山の一角にすぎないとの指摘もあります。

さらに、年金基金については、**グリーンピア問題**で明らかになったように、きわめて悪質な運用を繰り返し、被保険者の利益に反するようなことが数多く行われていました。結局は誰も何の責任も問われないまま、運用益を上げるどころか、赤字を解消するためにさらなる追加拠出を迫られていたと言われています。国民の年金基金から天下り機関に資金が垂れ流しされ、国民の年金が官僚の食い物にされていたわけです。こんな不正を繰り返し聞かされると、国民は日本の行政に信頼感がもてなくなり、行政に任せておいたら必ず損をすると思ったことでしょう。

年金財政の赤字は、人口の高齢化や不況だけが原因ではありません。行政による人為的な不作為も一つの要因でしょう。行政は財政赤字を理由に、保険料の引き上げや給付抑制を国民に強いていますが、自分たちの不祥事の責任については、マスコミが明らかにしない限り公表しようとはしません。

とはいえ、全体から見れば、このような不正は少数でしょう。たとえば年金記録の管理問題について言えば、転職を繰り返した人や資格変更した人、悪質な係員に処理を担当された人等は大きな損失だったものの、大多数の受給者は被害を免れているはずです。したがって、一部を見て、年金制度の全体を評価するのは危険でしょう。

【グリーンピア問題】厚生省が被保険者や年金受給者の保養施設として、一九八〇年から八八年にかけて全国一三箇所に設置しました。計画性に乏しく赤字続きで、莫大な年金基金から資金が流出され、年金財政を悪化させました。二〇〇五年までに譲渡されて廃止されましたが、一九五三億円の投資に対し、売却は四八億円でした。ずさんな基金の管理運営と批判され、資金運用業務に特化することになりました。

●企業にとっての損得は？

最後に、企業の立場にもふれておきたいと思います。企業は従業員のために社会保険の保険料を半分負担していますが、じつは保険料を労使で折半しているのは、日本やドイツなどごく少数の国だけです。多くの国々では、労使の負担割合が異なり、労使間の交渉事項になっています。例外を除き、企業の負担割合がより大きい国が目立ちます。

保険料の負担は、企業にとって大きなコストです。とくに、進んだ福祉国家ほど保険料負担が高くなっています。これは国際競争力にも影響を与えるため、企業は当然ながら保険料負担を回避したいところでしょう。規制緩和の影響で非正規労働者が急増しましたが、彼らが社会保険の強制適用から除外されることで、企業の負担は大幅に引き下げられます。

また、経済のグローバル化にともなって、社会保障協定が二国間、あるいは多国間で相次いで締結されていますが、これらの協定の結果、海外進出した企業は派遣社員の保険料の二重負担を免れることになります。以前であれば、本国と派遣先の国の両国で、企業は強制適用の社会保険を二重負担していたのですが、協定によって強制適用が一方の国で免除されることで、企業の保険料負担は半減します。これは企業にとって大きな得であり、競争力を強化する大きなチャンスです。

さらに、税の財源化が進めば、保険料の負担が減り、企業にとっては経費削減になるかもしれません。たとえば、消費税は国民も企業も負担しますが、企業が従業員ごとに直接負担を強制される保険方式と違って、広く国民から税を求めるため、企業の直接的な負担は削減される可能性もあります。

10 損得の分かれ道

年金という制度の基本について理解をしたところで、本書の主題である「年金は損か得か?」の考察に戻ってみましょう。ここでは、一つの見方から考えていきましょう。企業経営で言えば、損益分岐点とでも言いましょうか、年金の損と得の分かれ道について見ていきましょう。

老齢年金においては、ほとんどの人が初めに長期間にわたって保険料の拠出を行います。前に説明したとおり、現在では積立方式を採用していないため、個人の積み立てが自分の老後の年金になるわけではありませんが、若い時代から保険料をかけていき、老後に受給するという形に変わりありません。個人の立場から言えば、不謹慎な表現かもしれませんが、保険料拠出は先行投資、年金受給額は投資に対する配当を含めた元金のように考えられます。損得の判断は、先行投資した額と年金受給額の比較(相違)によって下すことができます。

以下では、長年の保険料拠出が総額どのくらいに達し、年金受給開始後いつの時点で損得が均等化するか、その時点の確定を試みたいと思います。その時点より前に亡くなれば損、それ以後まで生きていれば得ということになります。

●国民年金の場合

まず、国民年金を取り上げてみましょう。事例として、模範的な市民を想定します。二〇歳から六〇歳まで欠かすことなく保険料を収め続けた人の場合を前提として考えていきます。**表4**がこの事例の概要を示しています。国民年金の保険料は、二〇一七年現在で月額一万六四九〇円です。現時点での条件で、保険料支出総額と年金受給総額を概略計算してみましょう。もちろん、実際に保険料は時代とともに変わっていきますし、まして年金支給額は四五年後のことですので、計算方法も少なからず変更されるでしょうが、あくまで現時点での一つの参考的な試算として理解してください。

かりに、二〇歳から六〇歳まで四〇年間フルに拠出したとして、四〇年間の保険料（負担）総額は、一万六四九〇円×一二ヶ月×四〇年間で、七九一万五二〇〇円になります。長期にわたる保険料の合計ですので、かなり高額になります。一方、年金受給額は二〇一七年現在で年間七七万九三〇〇円が満額となります。この保険料支払総額である七九一万五二〇〇円を、年間年金受給額七七万九三〇〇円で割ると、一〇・一六となります。つまり、正規

［表4］国民年金の損益

保険料月額	16,490円
保険料総額 A	7,915,200円
年金支給年額 B	779,300円
A／B	10.16

〔出典〕筆者作成。

の支給開始年齢である六五歳から一〇年（七五歳）に到達した後に、長年負担してきた保険料総額がすべて戻ってきた、回収された、ということになります。七六歳以上生きる人は、等しく国民年金においては得をすることになります。

厚生労働省の『平成二一年簡易生命表』によると、二〇一六年の日本の平均寿命は男性で八〇・九八歳、女性で八七・一四歳でした（**表5**）。あくまで平均値の話ですが、六五歳から年金の受給を開始して、七五・一六歳に収支差がなくなり、その後、男性は五・八二年、女性は一一・九八年もの間、実際に負担した額以上の年金を受給できることになります。この平均寿命までに負担額を超える年金支給総額は、男性で四五四万円、女性では九三四万円となります。当然ながら、平均寿命を超えて長寿の人の場合は、そのぶんずっと得する部分が拡大していくことになります。

ところで、平均寿命には幼児や若年者の死亡も含まれています。ここでは、年金受給開始を目前にした人を想定して、平均寿命に代わって平均余命で見てみましょう。六五歳まで生きてきた人に限って、その後の余命を意味しますが、平均

［表5］日本の平均寿命

	男性	女性	男女差
1960	65.32	70.19	4.87
1980	73.35	78.76	5.41
2000	77.72	84.60	6.88
2010	79.64	86.39	6.75
2016	80.98	87.14	6.16

〔出典〕厚生労働省『平成21年簡易生命表』。

寿命よりさらに長く生き続けることになります。そこで、年金開始年齢である六五歳時点での平均余命をみると、男性で一九・五五年、女性で二四・三八年でした（表6）。

つまり、拠出金の採算がとれた一〇・一六年以後も、平均で男性は九・三九年、女性は一四・二二年もの間にわたり年金を受給し続けることになります。同様に、負担した額を超えて受給した年金給付の総額は、男性では七三二万円、女性では一一〇八万円となります。かなりの得と言えます。

これだけ見ても、国民年金に関しては、多くの受給者が負担した額以上の受益が得られることがわかります。とくに、定年前後で年金支給開始時期をどうするか迷っている人たちであれば、さらに得する可能性が高いことになります。ただし、七五歳以前に亡くなる少数派の人たちにとっては、この局面に限り損をすることも忘れてはなりません。

なお、ここでは二〇歳から六〇歳までひと月も滞納することなく保険料を払い続けた場合を想定しています。しかし、実際には国外居住や免除期間など、各人の事情によって保険料を払わなかった期間も出てくる可能性があります。そのときは、保険料支払総額は低くなりますが、年金受給額も減る

［表6］日本の平均余命　2016年

	男性	女性
60歳	23.67	28.91
65歳	19.55	24.38
70歳	15.72	19.98
75歳	12.14	15.76
80歳	8.92	11.82

〔出典〕厚生労働省『平成21年簡易生命表』。

ことになり、総じて損益分岐点に大きな違いはなくなるでしょう。

以上は、あくまで現行国民年金における大雑把な試算ですが、おおよそのイメージは湧くと思います。今後の行方について言えば、二〇〇四年年金改革により、すでに年金給付費に占める国庫負担が三分の一から二分の一に引き上げられることが決まりました。したがって、年金受給額に占める保険料の比率はさらに低くなることが予想されます。保険料と年金受給額の関係を見る限り、損益分岐点は早まるはずです。つまり、より得をする人の割合がさらに増えることになるでしょう。ただし、二〇〇四年改革による保険料の引き上げと給付抑制の大きな流れを受けて、損益分岐点は逆に高い年齢に引き上げられつつあるとも言えます。プラス、マイナスのいろいろな効果が考えられます。いずれにしても、多数派の人が得をすることは間違いありません。

さて、自営業者等の第一号被保険者の場合は、この国民年金が一般に唯一の公的年金となります。他方、サラリーマンである第二号被保険者の場合は、厚生年金と国民年金があわせて適用されることになります。続いて、サラリーマンの年金について見ていきましょう。

●厚生年金の場合

最近は、標準報酬や加入期間や生年月日を入力することで、自分の将来の年金額がいくらになるか簡単にわかるインターネットサービスが登場しました。しかし、厚生年金については支給額の算定が複雑なうえ、算定方法もたびたび変更されるため、また、標準報酬月額もボーナスも個人によって違いがあり、簡単に損か得か、結論づけることは困難です。ケースバイケースのことが多いため、事例ごとに検討する以外、そう簡単に割り出せるものではありません。

厚生年金の保険料は、報酬にもとづき所得比例方式で保険料額が決まります。二〇〇三年四月から**総報酬制度**が導入され、年金算定方法が変更されました。これによって、ボーナスからも保険料が徴収されることになり、毎月の保険料率は以前より引き下げられました。

さらに、保険料率は二〇〇四年の年金改革によって一三・五八％から毎年〇・三五四％（本人分は〇・一七七％）ずつ継続的に引き上げられ、二〇一七年九月以降は一八・三〇％に固定されました。労使折半主義ですので、九・一五％が本人負担分となります。

【総報酬制度】かつては毎月の報酬を保険料の対象としてきましたが、二〇〇三年からはボーナスも保険料徴収の対象となりました。これにより、以前の標準報酬月額から、ボーナスも含めた年収を月あたりの平均で算出した平均報酬額に算定基礎が変更されました。保険料率も、その時点で一七・三五％から一三・五八％に下がり、現在は一八・三〇％で固定されています。

〈サラリーマン厚生年金の事例〉

典型的なモデル事例について計算してみましょう。ここでは、民間企業の平均的な正規雇用のサラリーマンを想定してみます。独身者と既婚者の二つの場合を想定し、さらに、所得も標準報酬三〇万円の場合と、五〇万円の場合を比べていきましょう。事例を設定して、シミュレーションしてみたのが表7です。

まず、標準報酬三〇万円の人の場合、保険料率一八・三〇%で労使折半なので、本人負担は二万七四五〇円となります。年一二月で四〇年間拠出とすると、保険料総額は一二五一万七二〇〇円(A)となります。他方、年金受給額は基礎年金が七七万九三〇〇円、厚生年金は年

[表7] 厚生年金の損益

	標準報酬30万円	標準報酬50万円
保険料月額	27,450	45,759
保険料総額 A	12,517,200	20,862,000
夫基礎年金年額	779,300	779,300
夫厚生年金年額	789,264	1,315,440
夫年金年額合計 B	1,568,564	2,094,740
妻基礎年金年額	779,300	779,300
妻付加給付額	224,300	224,300
妻年金年額合計	1,003,600	1,003,600
世帯年金年額合計 C	2,572,164	3,098,340
A/B	7.98	9.96
A/C	4.87	6.73

〔出典〕筆者作成。

七八万九二六四円で、本人分の合計は年一五六万八五六四円（B）となります。A／Bは七・九八です。つまり、年金受給開始から八年目までに支払った保険料は全額回収したことになり、それ以後は得したことになります。

さらに、妻が専業主婦であれば、妻の分の基礎年金も適用されます。さらに、付加給付も支給されます。基礎年金と付加給付の合計額は一〇〇万三六〇〇円となります。夫の年金と合計すると年間年金受給額は二五七万二一六四円になります（C）。A／Cは四・八七となります。つまり、夫婦で年金受給すると五年目前に払った保険料がすべて戻ったことになります。

標準報酬が五〇万円の場合も同様に計算してみました。単身世帯では、A／Bは九・九六年です。支給開始から10年目前にして、保険料拠出総額が取り戻せています。さらに、専業主婦のいる世帯の場合では、A／Cは六・七三年です。7年目、年齢で言えば七二歳時点で得することになります。

損益分岐の時期、つまり払った保険料総額が回収される時点は、標準報酬三〇万円の場合より標準報酬五〇万円のほうが遅くなりますが、それでも前掲の平均余命と比較すれば、多数の人が得をすることは明らかです。表6で見たように、六五歳時点での平均余命は男性で一九・五五、女性で二四・三八です。単身者でも、夫婦でも圧倒的に得であることは明らかです。報酬三〇万円で夫婦の場合で言えば、損益が均衡してから一四年以上にわたり得し続けることになります。

最後に、平均余命までちょうど生きた人がいくら得をするか、計算してみましょう。まず、単身世帯では、標準報酬三〇万円の場合は一一・五七年にわたり一八一四万八二八五円、五〇万円の標準報酬では二四二三万六一四二円の得となります。専業主婦のいる夫婦世帯では、年金受給開始後四・八七年で損益の帳尻があった後で、夫は一四・六八年、妻は一九・五一年平均で生存することになります。夫の報酬が三〇万円の場合、夫は二三〇三万円、妻は一九五八万円で合計四二五一万円の得となります。同様に、夫の報酬五〇万円の場合は、夫婦で合計四四五六万円の得になります。

繰り返しますが、試算は非常に大雑把なものです。あくまで現在の設定を人生にわたって不変として想定したものです。それでも、圧倒的多数の人は年金で得をするだろうと言えると思います。この事実は少々の制度変更があっても、変わらないと思われます。とくにサラリーマン、さらに専業主婦の夫婦世帯では、著しい得となるでしょう。

11 年金は何歳からもらえば得でしょうか？

中高年の方々から「年金は何歳からもらうのが得でしょうか？」という質問を受けることがよくあります。たしかに、これは悩ましい問題です。年金には、正規の支給開始年齢が六五歳に設定されています。それより早く受給を開始する場合には減額措置があり、逆に、正規の年金支給開始年齢を過ぎてから受給を開始する場合には増額措置があります。設定の仕方としては、受給の開始を一年早めるごとに何％減額、一年遅らせるごとに何％増額というようになっています。減額されても長い期間受給するほうがよいか、あるいは受給期間は短くても増額で受給したほうがよいかの選択肢になります。

国によって、また制度によって、こうした措置のない場合もあります。また、減額率や増額率が極端に高く設定されていたり、逆に極端に低く設定されていたりして、事実上選択が抑制されたり、奨励されたりしている場合もあります。さらに、国によっては減額の繰り上げ年金は認めているが、増額の繰り下げ年金は設定していない場合もあります。支給率を意図的に設定することで、年金財政の均衡を図っていると言えます。

ここでは、現在の日本の年金制度の規定にしたがって、想定できる年金支給額を支給開始年齢ごとに比較してみます。ただし、年金に関する規定は時代とともに変わっていくものです。あくまで限られた前提条件の範囲内で、現時点での想定であることをあらかじめご理解ください。

●国民年金の場合

まず、国民年金に関して、二〇一七年現在の事例を検証してみましょう。日本の国民年金の老齢基礎年金では、支給開始年齢ごとに、表8の左側に示したように支給率を設定しています。正規の支給開始年齢は六五歳で、このときの満額支給額である七七万九三〇〇円（二〇一七年現在）を一〇〇％とします。まず、早期の繰り上げ受給は六〇歳から可能です。一ヶ月早く受給するごとに〇・五％、一年で六％の減額となります。したがって、六〇歳から年金を受給すると、七〇％の支給率となります。以降、六一歳で七六％、六二歳で八二％、六三歳で八八％、六四歳で九四％となります。逆に、繰り下げ年金では、一ヶ月繰り下げるごとに〇・七％、一年で八・四％支給率が増額されます。つまり、六六歳で一〇八・四％、六七歳で一一六・八％と上がっていき、最高は七〇歳で一四二・〇％となります。減額率よりも増額率のほうが高いということは、繰り下げ年金を誘導しているとも考えられます。

次に、この年齢別の支給率をもとに、実際に年金受給総額を計算してみましょう。ここで問題は受給期間ですが、六〇歳時点における平均余命を年金受給期間とします。二〇一六年現在

［表８］国民年金における年齢別年金受給総額（平均余命時）

（男性）

年　齢	支給率	受給期間（年）	受給総額（円）
60歳	70%	23.67	12,912,222
61歳	76%	22.67	13,426,716
62歳	82%	21.67	13,847,693
63歳	88%	20.67	14,175,155
64歳	94%	19.67	14,409,101
65歳（正規）	100%	18.67	14,549,531
66歳	108.40%	17.67	14,926,930
67歳	116.80%	16.67	14,263,185
68歳	125.20%	15.67	15,288,962
69歳	133.60%	14.67	15,273,594
70歳	142.00%	13.67	15,127,304

（女性）

年　齢	支給率	受給期間（年）	受給総額（円）
60歳	70%	28.91	15,770,694
61歳	76%	27.91	16,530,200
62歳	82%	26.91	17,196,190
63歳	88%	25.91	17,768,663
64歳	96%	24.91	18,635,868
65歳（正規）	100%	23.91	18,633,063
66歳	108.40%	22.91	19,353,479
67歳	116.80%	21.91	19,942,973
68歳	125.20%	20.91	20,401,544
69歳	133.60%	19.91	20,729,193
70歳	142.00%	18.91	20,925,919

〔出典〕筆者作成。

の六〇歳時点での平均余命は、男性で二三・六七年、女性で二八・九一年となっています。この年数に各年齢での年金受給額を乗じることで、平均的な年金受給総額が得られます。その結果が**表8**の右側に示されています。

男性の場合、六〇歳から受給開始すると平均余命の時までに総額一二九一万二二二二円の受給総額になります。以下、総額は年齢とともに上がって行きますが、六八歳がピークで一五二八万八九六二円となります。六〇歳が最も低い額になりました。平均余命まで生きることを想定すれば、六八歳で受給開始が最も得することになり、六〇歳は最も損となります。その差は二三七万六七四〇円となります。

ここでも平均寿命ではなく、平均余命を使用しました。ここで想定しているように六〇歳まで生きた人を前提とすれば、平均寿命よりかなり長く生きることになるからです。こうした選択肢に迫られるのも、退職間際の人ですから、平均余命の方がより実勢を反映することになります。

さて、女性の場合はより明らかです。最高額は七〇歳受給開始の場合で、総額二〇九二万五九一九円、最低は六〇歳受給開始の場合で、総額一五七七万六九四円と、受給の開始が遅くなるほど受給総額は高くなるように設定されています。総額の差は、最大で五一五万五二二五円と大きくなっています。平均余命の長い女性については、年金開始年齢の違いによる受給総額の差がより著しいことがわかります。

したがって、これを見る限り、老齢基礎年金では年金受給総額はより遅く繰り下げて受給を開始したほうが、多くの場合得ということになります。支給率を見ても、繰り上げ年金では年六％刻み、繰り下げ年金では八・四％刻みとなっており、年金制度を通じて高齢者雇用が奨励されていると言えます。

より詳しく分析してみましょう。**表9**は同じく国民年金支給額を年金の請求年齢ごとに示したものです。六〇歳からの減額での繰り上げ年金から七〇歳まで繰り下げ請求した場合の、各年齢ごとの受給総額を示したものです。あとから受給開始した場合のほうが追いかけていくわけですが、何歳ごろに受給総額で追いつくかがわかります。たとえば、六〇歳から受給開始した人は、七三歳の時点で六一歳から受給開始した人に総額で追い越されます。六一歳受給開始の人は、その二年後の七五歳で一年遅れて六二歳から受給を開始した人に総額で追い越されます。六二歳で受給開始した人は、七七歳で一年後の六三歳支給開始の人に追い越されます。同様に、七九歳時点で六四歳受給開始の人は六三歳開始の人を上回り、八一歳で六五歳請求の人は六四歳請求の人を超えます。

他方、繰り下げ年金の増額分の比率は繰り上げの場合より高いため、年金受給総額はより早く挽回することが可能となります。六六歳請求の人は、七八歳で一年早く請求した人に追いついてしまいます。以後、二年ごとに次年度の請求者が総額で前年請求者に追いつくことになります。

六〇歳時点での平均余命は、男性で二三・六七年、女性で二八・九一年でした。つまり、男性八三歳、女性八八歳の時点が平均です。八三歳時点での年金受給総額を横に見ていきますと、総額で一番多いのは六八歳請求で、一四六三万五二六〇円でした。八八歳時点での最高受給総額は、七〇歳請求の場合で一九九一万八九〇八円でした。

大雑把に言えば、平均余命程度まで生存する場合は、より遅く年金を請求するほうが概して得になるようです。六〇歳請求と七〇歳請求では、七〇％支給率と一四二％支給率なので、倍以上の速さで追いかけることになります。つまり、二〇年分の年金を一〇年かからずに取り戻すことになります。繰り返しますが、国民年金では平均的な余命を全うする人であれば、より遅くから年金を受給開始するほうが得と言えます。

●厚生年金の場合

厚生年金の場合は、事情がまったく異なります。定額制を基礎にしている国民年金と違って、厚生年金は、報酬によって年金額が異なります。また、生まれた時期によって該当する規定が異なります。家族構成に応じて支給額も異なります。したがって、統一的な事例を提示することは不可能です。代表的なモデル事例を設定して、その場合の状況を示すことしかできません。

また、厚生年金では、就労によって賃金と年金が調整されることになります。就労しながら年金を受給するため、「在職老齢年金」とも呼ばれていますが、この制度も近年のたび重なる

	65歳請求	66歳請求	67歳請求	68歳請求	69歳請求	70歳請求
	779,300					
	1,558,600	844,761				
	2,337,900	1,689,522	910,224			
	3,117,200	2,534,283	1,820,448	975,684		
	3,896,500	3,379,044	2,730,672	1,951,368	1,041,145	
	4,675,800	4,223,805	3,640,896	2,927,052	2,082,290	1,106,606
	5,455,100	5,068,566	4,551,120	3,902,736	3,123,435	2,213,212
	6,234,400	5,913,327	5,461,344	4,878,420	4,164,580	3,319,818
	7,013,700	6,758,088	6,371,568	5,854,104	5,205,725	4,426,424
	7,793,000	7,602,849	7,281,792	6,829,788	6,246,870	5,533,030
	8,572,300	8,447,610	8,192,016	7,805,472	7,288,015	6,639,636
	9,351,600	9,292,371	9,102,240	8,781,156	8,329,160	7,746,242
	10,130,900	10,137,132	10,012,464	9,756,840	9,370,305	8,852,848
	10,910,200	10,981,893	10,922,688	10,732,524	10,411,450	9,959,454
	11,689,500	11,826,654	11,832,912	11,708,208	11,452,595	11,066,060
	12,468,800	12,671,415	12,743,136	12,683,892	12,493,740	12,172,666
	13,248,100	13,516,176	13,653,360	13,659,576	13,534,885	13,279,272
	14,027,400	14,360,937	14,563,584	14,635,260	14,576,030	14,385,878
	14,806,700	15,205,761	15,473,808	15,610,944	15,617,175	15,492,484
	15,586,000	16,050,459	16,384,032	16,586,628	16,658,320	16,599,090
	16,365,300	16,895,220	17,294,256	17,562,312	17,699,465	17,705,696
	17,144,600	17,739,981	18,204,480	18,537,996	18,740,610	18,812,302
	17,923,900	18,584,742	19,114,704	19,513,680	19,781,755	19,918,908
	18,703,200	19,429,503	20,024,928	20,489,364	20,822,900	21,025,514
	19,482,500	20,274,264	20,935,152	21,465,048	21,864,045	22,132,120

[表9] 請求年齢ごとの年金受給総額　国民年金

	60歳請求	61歳請求	62歳請求	63歳請求	64歳請求
61歳	545,510				
62歳	1,091,020	592,268			
63歳	1,636,530	1,184,536	639,026		
64歳	2,182,040	1,776,804	1,278,052	685,784	
65歳	2,727,550	2,369,072	1,917,078	1,371,568	732,542
66歳	3,273,060	2,961,340	2,556,104	2,067,352	1,465,084
67歳	3,818,570	3,553,608	3,195,130	2,743,136	2,197,626
68歳	4,364,080	4,145,876	3,834,156	3,428,920	2,930,168
69歳	4,909,590	4,738,144	4,473,182	4,114,704	3,662,710
70歳	5,455,100	5,330,412	5,112,208	4,800,488	4,395,252
71歳	6,000,610	5,922,680	5,751,234	5,486,272	5,127,794
72歳	6,546,120	6,514,948	6,390,260	6,172,056	5,860,336
73歳	7,091,630	7,107,216	7,029,286	6,857,784	6,592,878
74歳	7,637,140	7,699,484	7,668,312	7,543,624	7,325,420
75歳	8,182,650	8,291,752	8,307,338	8,227,408	8,057,962
76歳	8,728,160	8,884,020	8,946,364	8,915,192	8,790,504
77歳	9,273,670	9,476,288	9,585,390	9,600,976	9,523,046
78歳	9,819,180	10,068,556	10,224,416	10,286,160	10,255,588
79歳	10,364,690	10,660,824	10,863,442	10,972,544	10,988,130
80歳	10,910,200	11,253,092	11,502,468	11,658,328	11,720,672
81歳	11,455,710	11,845,360	12,141,494	12,344,112	12,453,214
82歳	12,001,220	12,437,628	12,780,520	13,029,896	13,185,756
83歳	12,546,730	13,029,896	13,419,546	13,715,680	13,918,298
84歳	13,092,240	13,622,164	14,058,572	14,401,464	14,650,840
85歳	13,637,750	14,214,432	14,697,598	15,087,248	15,383,382
86歳	14,183,260	14,806,700	15,336,624	15,773,032	16,115,924
87歳	14,728,770	15,398,968	15,975,650	16,458,816	16,848,466
88歳	15,274,280	15,991,236	16,614,676	17,144,600	17,581,008
89歳	15,819,790	16,583,504	17,253,702	17,830,384	18,313,550
90歳	16,365,300	17,175,772	17,892,728	18,516,168	19,046,092

〔出典〕筆者作成。

改正を経てきました。この点に関しては後述します。まずは、老齢厚生年金の通常支給の場合を検討していきましょう。

老齢厚生年金は、報酬比例部分のほか、定額部分、加給年金から成り立ちますが、支給開始年齢による支給率の違いを比較するために、報酬比例部分に焦点を当てて検討していきます。まず、対象を設定しなければなりません。国民年金と同様に、厚生年金も保険料が二〇〇四年の年金改革以来毎年引き上げられてきました。ようやく固定化されましたので、現状の一八・三〇％の保険料率を前提とし、二〇歳から六〇歳まで四〇年間、四八〇ヶ月納付したものとして、満額年金を想定します。標準報酬は三〇万円と五〇万円の二つを見ていきます。扶養する妻がいる場合を対象とします。

厚生年金の支給額計算方法にしたがって、六五歳での正規支給年齢における年金額を算出します。報酬比例部分の額に、定額部分、さらに加給年金を合計します。標準報酬三〇万円の場合、六五歳支給額は一七九万三五六四円となりました。この額を中心に、繰り上げ年金、繰り下げ年金をそれぞれ想定し、減額率、増額率をもとに年齢ごとの総受給額を計算しました。**表10**と**表11**がその結果です。

まず、**表10**は標準報酬三〇万円の場合です。六五歳の正規年金支給年齢での年間支給額は一七九万三五六四円で、これが中心になります。六〇歳から七〇歳まで支給開始が並んでいます。六〇歳から七〇％支給を選択すると、年額一二五万五四九五円の支給額になります。一度決まると、その支給額が終生にわたり毎年繰り返し同じ額が支給されます。年齢ごとに六〇歳から九〇歳までの年金支給総額を示しました。年金支給を一年遅らせて六一歳から受給開始すると、年間支給額は一三六万三二〇九円となります。年齢別の支給総額を追っていきますと、七三歳時点で、先行していた六〇歳支給開始の場合を総額で追い抜きます。以下同様に、一年遅らせた支給開始に対して、七三歳以降それぞれ二年後に受給総額は追いつくことになります。六五歳受給開始の場合、八一歳で六四歳支給開始の人の総額を超えます。平均余命を考慮しても、まだ十分間に合います。

他方、年金支給開始を繰り下げる場合を見ていきましょう。六六歳支給開始の場合、七八歳で六五歳支給開始の人の支給総額を上回ります。以下、一年支給開始を遅らせるごとに、七八歳から二年ごとに支給総額で追いつくことになります。最も遅い支給開始の七〇歳支給では、八六歳で六九歳支給開始を上回ります。繰り上げ年金の減額率（年六％）に比べて、繰り下げ率（年八・四％）が高いため、六五歳以降の繰り下げ支給のほうがより早くに先行する受給者に追いつくことになります。

繰り返しになりますが、六〇歳時点での平均余命は男性二三・六七年、女性二八・九一年です。この年齢での最高支給総額は、男性では六八歳支給開始、女性では七〇歳支給開始となりました。国民年金と同様に、より遅く年金を受給開始したほうが得のようです。

表11は、標準報酬が五〇万円の場合です。ほぼ同じような内容ですが、年金支給額がかなり

	65歳請求	66歳請求	67歳請求	68歳請求	69歳請求	70歳請求
	1,793,564					
	3,587,128	1,944,223				
	5,380,692	3,888,446	2,094,883			
	7,174,256	5,832,669	4,189,766	2,245,542		
	8,967,820	7,776,892	6,284,649	4,491,084	2,396,202	
	10,761,384	9,721,115	8,379,532	6,736,626	4,792,404	2,546,861
	12,554,948	11,665,338	10,474,415	8,982,168	7,188,606	5,093,722
	14,348,512	13,609,561	12,569,298	11,227,710	9,584,808	7,640,583
	16,142,076	15,553,784	14,664,181	13,473,252	11,981,010	10,184,444
	17,935,640	17,498,007	16,759,064	15,718,794	14,377,212	12,734,305
	19,729,204	19,442,230	18,853,947	17,964,336	16,773,414	15,281,166
	21,522,768	21,386,453	20,948,830	20,209,878	19,169,616	17,828,027
	23,316,332	23,330,676	23,043,713	22,455,420	21,565,818	20,374,888
	25,109,896	25,274,899	25,138,596	24,700,962	23,962,020	22,921,749
	26,903,460	27,219,122	27,233,479	26,946,504	26,358,222	25,468,610
	28,697,024	29,163,345	29,328,362	29,192,046	28,754,424	28,015,471
	30,490,588	31,107,568	31,423,245	31,437,588	31,150,626	30,562,332
	32,284,152	33,051,791	33,518,128	33,683,130	33,546,828	33,109,193
	34,077,716	34,996,014	35,613,011	35,928,672	35,943,030	35,656,054
	35,871,280	36,940,237	37,707,894	38,174,214	38,339,232	38,202,915
	37,664,844	38,884,460	39,802,777	40,419,756	40,735,434	40,749,776
	39,458,408	40,828,683	41,897,660	42,665,298	43,131,636	43,296,637
	41,251,972	42,772,906	43,992,543	44,910,840	45,527,838	45,843,498
	43,045,536	44,717,129	46,087,426	47,156,382	47,924,040	48,390,359
	44,839,100	46,661,352	48,182,309	49,401,924	50,320,242	50,937,220

[表10] 請求年齢ごとの年齢受給総額　厚生年金（標準報酬30万円）

	60歳請求	61歳請求	62歳請求	63歳請求	64歳請求
61歳	1,255,495				
62歳	2,510,990	1,363,109			
63歳	3,766,485	2,726,218	1,470,722		
64歳	5,021,980	4,089,327	2,941,444	1,578,336	
65歳	6,277,475	5,452,436	4,412,166	3,156,672	1,685,950
66歳	7,532,970	6,815,545	5,882,888	4,735,008	3,371,900
67歳	8,788,465	8,178,654	7,353,610	6,313,344	5,057,850
68歳	10,043,960	9,541,763	8,824,332	7,891,680	6,743,800
69歳	11,299,455	10,904,872	10,295,054	9,470,016	8,429,750
70歳	12,554,950	12,267,981	11,765,776	11,048,352	10,115,700
71歳	13,810,445	13,631,090	13,236,498	12,626,688	11,801,650
72歳	15,065,940	14,994,199	14,707,220	14,205,024	13,487,600
73歳	16,321,435	16,357,308	16,177,942	15,783,360	15,173,550
74歳	17,576,930	17,720,417	17,648,664	17,361,696	16,859,500
75歳	18,832,425	19,083,526	19,119,386	18,940,032	18,545,450
76歳	20,087,920	20,446,635	20,590,108	20,518,368	20,231,400
77歳	21,343,415	21,809,744	22,060,830	22,096,704	21,917,350
78歳	22,598,910	23,172,853	23,531,552	23,675,040	23,603,300
79歳	23,854,405	24,535,962	25,002,274	25,253,376	25,289,250
80歳	25,109,900	25,899,071	26,472,996	26,831,712	26,975,200
81歳	26,365,395	27,262,180	27,943,718	28,410,048	28,661,150
82歳	27,620,890	28,625,289	29,414,440	29,988,384	30,347,100
83歳	28,876,385	29,988,398	30,885,162	31,566,720	32,033,050
84歳	30,131,880	31,351,507	32,355,884	33,145,056	33,719,000
85歳	31,387,375	32,714,616	33,826,606	34,723,392	35,404,950
86歳	32,642,870	34,077,725	35,297,328	36,301,728	37,090,900
87歳	33,898,365	35,440,834	36,768,050	37,880,064	38,776,850
88歳	35,153,860	36,803,943	38,238,772	39,458,400	40,462,800
89歳	36,409,355	38,167,052	39,709,494	41,036,736	42,148,750
90歳	37,664,850	39,530,161	41,180,216	42,615,072	43,834,700

〔出典〕筆者作成。

	65歳請求	66歳請求	67歳請求	68歳請求	69歳請求	70歳請求
	2,319,740					
	4,639,480	2,514,598				
	6,959,220	5,029,196	2,709,456			
	9,278,960	7,543,794	5,418,912	2,904,314		
	11,598,700	10,058,392	8,128,368	5,808,628	3,099,173	
	13,918,440	12,572,990	10,837,824	8,712,942	6,198,346	3,294,031
	16,238,180	15,087,588	13,547,280	11,617,256	9,297,519	6,588,062
	18,557,920	17,602,186	16,256,736	14,521,570	12,396,692	9,882,093
	20,877,660	20,116,784	18,966,192	17,425,884	15,495,865	13,176,124
	23,197,400	22,631,382	21,675,648	20,330,198	18,595,038	16,470,155
	25,517,140	25,145,980	24,385,104	23,234,512	21,694,211	19,764,186
	27,836,880	27,660,578	27,094,560	26,138,826	24,793,384	23,058,217
	30,156,620	30,175,176	29,804,016	29,043,140	27,892,557	26,352,248
	32,476,360	32,689,774	32,513,472	31,947,454	30,991,730	29,646,279
	34,796,100	35,204,372	35,222,928	34,851,768	34,090,903	32,940,310
	37,115,840	37,718,970	37,932,384	37,756,082	37,190,076	36,234,341
	39,435,580	40,233,568	40,641,840	40,660,396	40,289,249	39,528,372
	41,755,320	42,748,166	43,351,296	43,564,710	43,388,422	42,822,403
	44,075,060	45,262,764	46,060,752	46,469,024	46,487,595	46,116,434
	46,394,800	47,777,362	48,770,208	49,373,338	49,586,768	49,410,465
	48,714,540	50,291,960	51,479,664	52,277,652	52,685,941	52,704,496
	51,034,280	52,806,558	54,189,120	55,181,966	55,785,114	55,998,527
	53,354,020	55,321,156	56,898,576	58,086,280	58,884,287	59,292,558
	55,673,760	57,835,754	59,608,032	60,990,594	61,983,460	62,586,589
	57,993,500	60,350,352	64,575,368	63,894,908	65,082,633	65,880,620

[表11] 請求年齢ごとの年齢受給総額　厚生年金(標準報酬50万円)

	60歳請求	61歳請求	62歳請求	63歳請求	64歳請求
61歳	1,623,818				
62歳	3,247,636	1,763,002			
63歳	4,871,454	3,526,004	1,902,187		
64歳	6,495,272	5,289,006	3,804,374	2,041,371	
65歳	8,119,090	7,052,008	5,706,561	4,082,742	2,180,556
66歳	9,742,908	8,815,010	7,608,748	6,124,113	4,361,112
67歳	11,366,726	10,578,012	9,510,935	8,165,484	6,541,668
68歳	12,990,544	12,341,014	11,413,122	10,206,855	8,722,224
69歳	14,614,362	14,104,016	13,315,309	12,248,226	10,902,780
70歳	16,238,180	15,867,018	15,217,496	14,289,597	13,083,336
71歳	17,861,998	17,630,020	17,119,683	16,330,968	15,263,892
72歳	19,485,816	19,393,022	19,021,870	18,372,339	17,444,448
73歳	21,109,634	21,156,024	20,924,057	20,413,710	19,625,004
74歳	22,733,452	22,919,026	22,826,244	22,455,081	21,805,560
75歳	24,357,270	24,682,028	24,728,431	24,496,452	23,986,116
76歳	25,981,088	26,445,030	26,630,618	26,537,823	26,166,672
77歳	27,604,906	28,208,032	28,532,805	28,579,194	28,347,228
78歳	29,228,724	29,971,034	30,434,992	30,620,565	30,527,784
79歳	30,852,542	31,734,036	32,337,179	32,661,936	32,708,340
80歳	32,476,360	33,497,038	34,239,366	34,703,307	34,888,896
81歳	34,100,178	35,260,040	36,141,553	36,744,678	37,069,452
82歳	35,723,996	37,023,042	38,043,740	38,786,049	39,250,008
83歳	37,347,814	38,786,044	39,945,927	40,827,420	41,430,564
84歳	38,971,632	40,549,046	41,848,114	42,868,791	43,611,120
85歳	40,595,450	42,312,048	43,750,301	44,910,162	45,791,676
86歳	42,219,268	44,075,050	45,652,488	46,951,533	47,972,232
87歳	43,843,086	45,838,052	47,554,675	48,992,904	50,152,788
88歳	45,466,904	47,601,064	49,456,862	51,034,275	52,333,344
89歳	47,090,722	49,364,056	51,359,049	53,075,646	54,513,900
90歳	48,714,540	51,127,058	53,261,236	55,117,017	56,694,456

〔出典〕筆者作成。

違います。年金支給総額が先行して受給開始した場合に追いつくタイミングは同じです。ここでも、繰り上げ支給は一般的に損することになりそうです。損得で言えば、圧倒的に繰り下げ年金のほうが得と言えます。

六〇歳で支給開始する場合の年間年金支給額は約一六二万円ですが、一〇年後の七〇歳支給開始では年額三二九万円の支給額となります。二倍以上の額になります。年金支給総額の推移を比べると、八〇歳時点で、七〇歳支給開始の人が六〇歳支給開始の人に追いつきます。男女ともに、平均余命よりかなり前の段階です。標準報酬三〇万円でも五〇万円でも同様のことが言えます。

「何歳から年金をもらえば良いですか?」という質問でしたが、以上で答えが出ていたかと思います。ただし、繰り返しますが、自分の死期は誰もわかりません。難病を患い余命を宣告された人は別ですが、自分が何歳で天国に行くか誰もわかりません。健康で病気ひとつしていない人が自分はきっと長寿だからと思いこんで、年金受給を控えていたら、突然ころりと逝ってしまう場合もあります。逆に、病気持ちで繰り上げ支給を選択しながら、長寿を全うする人もいます。平均余命はあくまで平均値です。各人の余命はそれぞれです。繰り下げ年金が得ですと言われて、それに従って支給開始を待っていた時に亡くなってしまう人もいることでしょう。それが人生です。

最後に、ここでの考察からもう一つ言及しておきたいことがあります。それは長寿リスクです。これまで平均余命を中心に見てきました。ところが、最近は一〇〇歳を超える長寿の人も増え続けています。表10、表11で一番下に九〇歳時点での年金支給総額を示しています。標準報酬三〇万円の場合、六〇歳支給開始の人と七〇歳支給開始の人とでは、それまでの年金支給額に一三二七万円の差があります。五〇万円の標準報酬の場合では、なんと一七一六万円の差になります。この差は九〇歳以降生存すればさらに拡大していきます。

年金の早期の支給開始は、こうした大きなリスクがあります。一度選択してしまった年金は変更できません。減額率が長期間に影響を及ぼし続けます。長寿はめでたいことではありますが、より多くの費用を要するという意味では、大きなリスクととらえたほうがよいのではないでしょうか。経済的に言えば、これも大きなリスクと言えるでしょう。

これまで年金受給総額を比較してきました。年間の支給額で言えば、国民年金でも厚生年金でも、六〇歳支給開始と七〇歳支給開始では二倍以上違います。国民年金では、六〇歳支給開始で五四万五五一〇円に対して、七〇歳支給では一一〇万六六〇六円です。厚生年金標準報酬五〇万円の場合は、六〇歳支給開始で一〇〇万五九五九円に対して、七〇歳支給開始は二〇四万六五九円と二倍以上の年額になります。高齢期に二倍の年金額になると、この差は大きいと思います。

以上、厚生年金の支給開始年齢をめぐって考察してきました。また、先に国民年金の場合も見てきました。ほぼ同様な結論に達したと思います。一つ厄介なことがあります。通常、民間のサラリーマンは厚生年金にだけ加入することは不可能であり、基礎年金にも同時加入します。また、受給に際しても、通常はいずれか一方だけ受給することなく、同時に受給することになります。したがって、前述の国民年金における考察と厚生年金の考察が同時に行われなければなりません。上記の厚生年金の事例に関しては、六〇歳時点で就労していない場合を想定していました。しかし実際には、六〇歳を過ぎても何らかの労働に従事している人も増えています。厚生年金に関しては、賃金と年金が調整されるため、さらに判断が難しくなります。

●高齢者の雇用と年金

さて、年金支給開始時期を決めるに際して、もう一つ大きな関門があります。退職のタイミングです。「いつ仕事をやめるか」と「いつ年金をもらい始めるか」は、まったく別の話です。しかし、実際には多くの人の場合、年金がもらえるまで働くように考えているでしょう。さもなければ、所得の空白ができてしまい、生活が困難になります。

大企業をはじめ、定年を六〇歳前後においている企業が多いと思います。中小零細の町工場のような職場では、人手不足もあり、いつまでも働けるような職場もあるようです。一度定年を迎えると、退職金が支給され、雇用延長されたり、再雇用されたり、下請け会社への再雇用だったり、いろいろです。でも、多くの場合、収入は急減し、職務内容も職場環境も変わります。まったく別のアルバイトをする場合も多いようです。

高齢社会を迎え、政府は高齢者雇用を奨励しています。高齢者雇用安定法が制定され、高齢者の六五歳までの雇用を支援しています。雇用保険には、高齢者雇用継続給付が導入され、所得の大幅な減少分を部分的に補ってくれます。六〇歳を過ぎてからどのような雇用契約で、どの程度働き、いくらくらいの賃金を得るのかは、年金とも関係してくるのです。

●在職老齢年金

民間サラリーマンが加入する厚生年金の場合、就労によって年金支給が賃金と調整されます。六〇歳から六五歳までは、二八万円以下の賃金までは、年金は問題なく満額支給されます。続いて、二八万円から四八万円の賃金収入がある場合は、二八万円を超える賃金の二分の一相当の年金が支給停止され、四八万円を超える賃金の場合は、超える賃金相当額が年金支給停止となります。六五歳以降では、賃金が四八万円までの場合は老齢厚生年金が満額支給されますが、四八万円を超えると、超える賃金相当分の二分の一の年金が支給停止されます。

つまり、賃金収入が高い人ほど年金が制限されるよう設計されているのです。この在職老齢年金は以前に比べてかなり厳格になってきており、年金財政の悪化もあって、年金支給が高齢者雇用に対して抑制的になっています。自分で稼げるのなら、年金は遠慮してもらおうという発想です。本来であれば、高齢者雇用は促進されるべきであり、高齢者を可能な限り年金受給者としてより年金拠出者（担い手）として労働市場にとどめておく政策が必要ではないでしょうか。せっかく高齢者が頑張って労働しても、もらえるはずの年金が支給停止されてしまうのでは、働くインセンティブが下がります。

労働法の分野では、高齢者雇用安定法の改正によって退職年齢の引き上げがめざされています。平均寿命も伸び、より元気なお年寄りが増えています。高齢者がより長い間働ける社会を創造していく必要があります。それを考えると、現在の在職老齢年金のあり方は政策として矛盾しています。

在職老齢年金については、さまざまな評価があります。現状では、年金の損得だけ考えると、働く高齢者は損をすることになります。働かないで退職すれば満額もらえるはずだった年金が、働くことによって一部あるいは全部が支給停止されるのですから。

最近の高齢者は元気だと言われます。大企業でいまでも社長や会長を務める高齢者はたくさんいます。そうした人たちは、在職老齢年金の被害者だと言えます。おそらく長年にわたり、最高額の標準報酬月額で最高額の拠出を行ってきたはずなのに、六五歳になっても収入が高いため、年金は制限されるのです。

若くして企業のトップに立つような人にとっては、年金は最初から損をする制度でしょう。にもかかわらず、国家権力によって拠出を強制させられるのです。もっとも、高い賃金で事が足りているため、年金など最初から当てにしていないのかもしれませんが。

●支給開始年齢の選択

結局、厚生年金に関しては、在職老齢年金の影響により正規年金年齢以前の早期受給については、減額措置が効いてしまうため、就労しながらの年金受給は選択しにくくなります。これに対し正規年金年齢以降では、減額措置が緩和されるため、年金を受給しやすくなります。それでも高額賃金の高齢労働者については、年金支給がかなり抑えられることになります。こうした複雑な規定を持つ年金制度において、損か得かを判断するのは難しいでしょう。

高齢者雇用安定法の改正によって、日本でも六五歳まで現役で働く時代になりつつあります。また、年金の支給開始年齢も移行期にあり、今後も改正が行われる可能性があります。高齢期の労働収入と年金収入の調整に関する規定は、これからも変わることが十分予想できます。ここで検討した年金支給の減額率や増額率も年金の損得に大きく影響します。いろいろな要素が絡んできますから、簡単に判断するのは難しいと思います。

とくに、年金の支給開始年齢については、多くの先進諸国で動きがあります。支給開始年齢を延長しています。六五歳から六七歳、六八歳、あるいは七〇歳の国も出てきました。人生が長くなってきていますので、労働期間が長くなるのは理にかなっています。欧米先進諸国には、日本の「定年制」は存在しません。年金年齢が、通常の退職年齢を意味します。年金がもらえない年齢で退職を強制すれば、違法解雇ともなります。年齢差別禁止法はアメリカだけでなく、欧州でも普及しつつありますが、年齢を理由に退職を強制するのは、まさに年齢差別に該当します。日本では年金改革と平行して、労働基準法の改正が求められます。

12 政策で変わる損と得

(1) 賦課方式と積立方式

年金の財政方式についてはすでに説明しましたが、ここでは個人の損得との関係から再度論じたいと思います。賦課方式では、子から親へと世代を超えた社会的な契約を前提とします。第二次大戦後、多くの国々では基本的には賦課方式を採用しました。現在、積立方式で年金財政を運営している国はごく少数です。ただし、賦課方式に拠りながらも、部分的に積立基金も形成する修正賦課方式を採用している国が日本を含め多い状況にあります。また、私的年金はすべて積立方式にもとづいています。人口高齢化が問題視されるなか、しだいに積立方式への変更を主張する声が強まってきています。

●いま、なぜ積立方式なのでしょうか?

積立方式が強調される理由はいくつかありますが、人口高齢化の衝撃を緩和するためというのが一番大きな理由と思われます。現在の年金制度において最も危惧をもたれているのは、人口高齢化にともなってますます増える年金受給者を、どんどん減っていく現役労働者が支えなければならないという事実です。そして、現役労働者はその負担に耐えられなくなりつつあり、世代間の利害対立はここから生まれています。

積立方式は、自分の年金は自分で積み立てていくシステムですから、支える人数は変わりませんし、人口の変動も考慮しなくて済みます。実際には拠出だけして、受給せずに死亡する人もいるので、財政運営も比較的容易です。現在のようなデフレ基調で高齢化が進んでいる局面では、たしかに積立方式は魅力的でしょう。しかし、事はそう単純ではありません。

では、積立方式を採用していれば、今みたいに年金財政は危機に陥らなかったのかというと、必ずしもそうではなく、拠出と給付がこれまでのようなアンバランスであれば、積立方式でも危機的状況を招いたとも言われています。つまり、拠出実績を超える給付を行えば、どんな財政方法であっても財政難に陥ってしまうでしょうし、それが続けば、いずれ年金は破綻することになるでしょう。個人勘定として民間の貯蓄商品と同様の運営にするのであれば、拠出と給付のバランスが自動的に調整され、財政難に陥るのを回避することはできますが、社会全体で支えあう年金では、福祉的な運用が公的資金をもとに組み込まれているため、バランスはとりにくいのです。

さらに、現在は「ゼロ金利時代」といわれ、インフレはほとんど心配されることがありませんが、この状況が長期にわたって維持される保障はありません。インフレの懸念より、人口高齢化の影響が不安を募らせている現在だからこそ、積立方式のメリットが強調される傾向にあるのですが、年金は景気のサイクルよりも先を見据えて安定的に運営する必要があります。

加入から受給終了まで六〇年もかかわる制度です。その間に一度もインフレがないなどとは考えにくいです。かりに一度でも高率のインフレに見舞われれば、年金財政は危機的な影響を受けてしまうこともあります。第二次大戦直後は異常な例外としても、平和な時代にも頻繁にやってくるインフレは、やはり年金の運営にとっては大きなリスクであることに変わりはありません。

●積立基金の経済効果

いま積立方式が主張されているもう一つの大きな理由は、積立基金の持つ経済効果にあると考えられます。現役労働者の拠出がそのまま高齢者の年金に移転していく賦課方式と違って、積立方式は長年にわたり年金保険料が積立てられていくため、常に莫大な基金が構築されることになります。莫大な基金が広く運用されるため、国全体の経済の活性化につながります。金融業界をはじめ、投資を必要とする民間企業にとっては歓迎すべきことになります。とくに、経済が停滞している時期で、金融機関の貸し渋りがあって資金が回りにくい状況にある場合、巨額の年金基金は企業活動の保護にもつながります。

年金の財政方式に関しては、国際的にも議論のあるところです。ＩＬＯ（国際労働機構）は伝統的に国際的な社会保障政策を展開してきましたが、年金については賦課方式を前提としてきました。近年、世界銀行が開発途上国への融資回収にかかわり、社会保障政策に関しても政策介入しつつあります。世界銀行は基本的には積立方式を強調しています。金融機関としての本姓がよく表れていると思われます。

公的年金に限らず、私的な年金はすべて積立方式に従います。アメリカでは、私的な年金基金がアメリカの株式市場で非常に大きな部分を占めていると言われます。いわゆる強力な機関投資家となっています。私的年金に加えて、公的年金までもが基金を形成するようになれば、それははかり知れない経済効果をもたらします。

●財政方式はすぐに変えられるのか？

一歩譲って、現状では積立方式のほうが望ましいとしましょう。その際、これまでの賦課方式を改めて、積立方式に容易に変えることはできるのでしょうか。また、財政方式の移行は本当に有効に機能するのでしょうか。

戦後一貫して賦課方式で運営してきた日本の年金制度では、被保険者の拠出した原資の大部分がすでに親の世代の年金となって消費されており、自分の老後に振り向ける原資はどこにも存在しません。労働生涯のなかでこれまで賦課方式に従ってきた世代が、いざ年金受給者になろうとする時点で積立方式に変更する場合、年金はどこから提供されるのでしょうか。これまで積み立ててしてこなかった世代の人たちが、突然積立方式に変わったとしても、彼らの年金は誰も払ってくれません。自分たちが長年支払ってきた保険料はすでに自分たちより年上の世代が使ってしまいました。

子どもの世代から積立方式に変われば、親の世代に拠出を渡さないで、自分たちの老後に積み立てることになります。世代間の扶養の契約を前提とした賦課方式では、このような突然の変更には対応できません。一般に年金制度が成熟化し、順調に機能するまで三〇年はかかると言われますが、これはおよそ一世代に相当する最低期間です。そうなると、三〇年かけてゆっくり賦課方式から積立方式に移行させようという案が出てくるかもしれません。しかし、人口高齢化のピークが近づいている現在、三〇年も経てば、ピークはすでに過ぎて、人口構成も安定期に入っているかもしれません。つまり、必要なときに効果が上げられずに、必要がなくなってから機能し始めるという奇妙なことになりかねません。それでは意味がありません。

インフレと高齢化。二つはまったく異質な現象ですが、リスクとして考えれば、高齢化のほうがまだ対処しやすいのではないでしょうか。生まれてしまったものは元へ戻せません。意図的な人口抑制は民主主義社会と相容れません。しかし、高齢化のタイムスパンは長く、ある程度の予測が可能なのに対し、インフレは一般に短いスパンで起こり、予測も困難です。年金制度にとっては、インフレのほうが脅威だと思います。となると、賦課方式をベースにおいたほうがより安定的でしょう。

すでに述べましたが、年金制度の財政方式は急には変えられません。人のライフサイクルで見ても、二〇歳から四〇年間保険料を拠出し、約二〇年間年金を受給するわけですから、じつに六〇年以上にわたって関係を維持するのが年金制度です。その時々の経済情勢でコロコロ変わってもらっては困ります。ある時期には非効率であっても、長い目で見て安定した年金が保障されるならば、目的は達成されると考えていいのではないでしょうか。賦課方式か積立方式かの選択は、個人のレベルで決定できるものではありません。それは管理を担う政府の責任のもとに決定されるべきです。

個人年金や企業年金など私的な年金はすべて積立方式であり、賦課方式は採用できません。つまり、これらは自己完結型の年金商品であり、他者との契約関係などありえないのです。賦課方式が可能なのは、社会保障の年金だけです。そのことで制度の安定が図られています。

もちろん賦課方式と言っても、正確には修正賦課方式であり、積み立ても一部行われています。積立部分の比率を高めることで、高齢化の衝撃をいくらかでも和らげることが望まれます。しかし、基本は賦課方式が維持されるべきでしょう。

●賦課方式は若者に損？

若者のあいだに年金の未加入者や保険料の未納者が増えている理由の一つに、高齢化社会における世代間の利害の不均衡が挙げられます。つまり、負担と受益の関係から見て、若年層が不利益を被っているというわけです。そして、この議論の前提にあるのが賦課方式です。賦課方式は〝若者に損、高齢者に得〟という理解が広まっていますので、若年世代のあいだには積立方式を主張する声が高まっています。

自分の将来の年金のためにならを拠出したい。でも、自分のより年上の人のために自分が拠出するのは嫌だ、という意味でしょう。積立方式は、まさにこうした若者世代の意見に合致します。人口高齢化の影響を受けずに、自分の年金を自分で準備したいと思うでしょう。

しかし、ここでも注意深い考察が必要です。たしかに、年代層によって負担と受益のバランスは異なっていますが、それはあくまで集団としての平均値の話です。それぞれの世代別集団の平均では、相対的に有利、相対的に不利という議論は成り立ちます。しかし、若い世代でも長寿によって得をすることもあれば、高齢層でも短命により損をすることがあります。個人のレベルでは、損得勘定は多様です。相対的に不利な集団に属していても、ある個人が、集団の抱える不利を超越してしまうことはいくらでもあります。

別の事例で言えば、07で述べた男女比較のように、女性のほうが男性より長く生きるので、年金では得をします。しかしだからと言って、男性は文句を言うでしょうか。現に、男女別の保険料にせよという意見は聞いたことがありません。社会保障が連帯のうえに成り立っているのは、まさにこうした差が受容できるからです。

逆に、若い世代に有利な点もあります。平均寿命は伸び続けていますし、若い世代ほど年金受給期間が長くなるので、そのぶん得だとも言えます。若い世代のなかから、新たな医療技術の開発によって長寿を全うする人がより多くでてくるかもしれません。それは親の世代では考えられなかったことでしょう。インフレ率が高い時期、デフレの時期、経済成長の時期、不況の時期など、人口構成に限らず、年金制度はさまざまな要因によって運営実態が影響されます。したがって、若い世代ほど損だとは一概に言えないはずです。

(2) 保険と税

これはどこの国おいても大きな問題です。社会保険方式の支持者と税方式の支持者のあいだで、議論は二分されています。両者を分けるものはいろいろありますが、どんな税にするのか、保険料をどう設定するかによっても違いが出てきます。また、平均的な中間階層は、どちらも大して違いはないかもしれません。しかし、全体として見れば、両者は経済的には決定的に違う機能を果たします。そして、どういう要素を重視するかが評価の分かれ目になると思います。

まず近年、年金の未加入・保険料の未納問題が深刻化するなか、その対策として税方式の導入を主張する人がいます。たしかに、税方式にすれば未納者はいなくなり、強制加入も実効性を持ち、本当の意味で国民皆保険が実現するでしょう。しかし一方で、新たな問題も予想されます。たとえば、年金給付を抑制することがより困難となり、支給額増をもたらす可能性が高いです。保険方式では、条件を満たさなければ受給権も発生しませんが、税方式であれば、すべての人が無条件で受給することになります。物事にはすべてメリットとデメリットがあります。メリットだけを見て決めるのは、衝動買いと変わりません。

欧州諸国においても、保険原則を中心に運営してきたにもかかわらず、財政難のため社会保障目的税を導入して、財源確保に強力に舵を切った国も少なくありません。多くの国々が、保険料方式と税方式の組み合わせで揺れていると言えましょう。

●選択する権利はあるか?

初めに明らかにしておきますが、社会保障の財源を保険料にするか税にするかは、財政方式と同様、個人に選択の余地はありません。社会保障制度は国による一括管理下にあり、政府が決定した運営方法に準じて施行されることになります。しかし、世論を構成する市民の意見を国の政策に反映させることは重要であり、それで政府を動かすことも可能でしょう。議論は歓迎されるべきであり、国民の合意形成は社会保障には不可欠です。

より正確に言えば、保険か税かといった極端な議論は現実的ではないと思います。社会保障の財源を税だけで賄っている国はありませんし、逆に保険料だけで賄っている国もないでしょう。ほとんどの国は二つを組み合わせていますから、二者択一というわけにはいきません。そうなると、両者の割合が問題になってきます。つまり、どの程度の税がどの部分に充当されるのがよいのか、あるいは、どの程度の保険料がどの部分に充当されるのがよいのか、ということです。それは税と保険のバランスの問題です。この点については、政府も国民の意見に耳を傾ける必要があります。

加えて、どの制度のどの機能に税方式の財源を使うか？　といった意味あいが問われると思われます。たとえば、社会保険における低所得者対策には税財源を充てるとかの選択肢が考えられると思います。保険料方式であれば、当然ながら未納者が出てきますから、社会保障を受けられなくなる可能性が出てしまいます。すべての人に平等に適用をする必要があれば、税方式に傾くはずです。

●税方式は誰に損か？

損得は、所得階層別にはっきりしています。たとえば、所得税を年金の主な財源にするのであれば、高額所得者にとって税方式は損になります。一般に課税は累進性を持ち、税率は所得が上がるごとに高く設定されています。高額所得者は名目額で負担額が多いだけでなく、税率（負担割合）でも高くなります。かりに最高税率が三〇％だとすると、最高額の所得者は所得の三割を所得税として納めなければなりません。そして、その所得税の一部が社会保障に配分されます。逆に、最低所得者は納税を免除されることもありますし、税を払う場合でも、最低の税率（たとえばに五％）になります。つまり、負担額、負担割合で見れば、高額所得者にとって税方式は損になる場合が多く、逆に低所得者ほど得になることが想定できます。

一方、給付額を見ると、年金は所得に累進的ではありません。国民年金のような定額制の場合、負担に関係なくすべての人が同じ年金額になります。したがって、負担と受益の関係で言えば、高額所得者は極端な損になります。定額制でない場合は、厚生年金のように所得比例制をとるのが一般的です。負担が累進的なのに受益が定率の所得比例であれば、ここでも明らかに高額所得者は損になります。

さらに、年金には通常、支給上限額が設けられています。税額には上限なしに高額の税負担が課されているのに、支給額だけに上限が設けられているのは、高額所得者には大きな不利となります。つまり、支給上限額を獲得できる所得を超える所得への課税は、給付に結びつかない損失になってしまうのです。

大きな論点となっているのは、保険方式から税方式に変わると、企業負担に著しい変化が想定されることです。社会保険の保険料の半分は企業が負担していますが、税財源に変更されると、企業はこの負担から解放されることになります。企業にとっては、コスト削減の好機です。もちろん、企業も法人として課税対象になりますから、新たな形の税負担が求められます。しかし、雇用した従業員の頭数に応じて徴収される現行システムとは別の方法が採用される可能性もあります。国民が広く税負担を求められるぶん、企業の負担すべき負担は減少する可能性もあります。いずれにしろ、大きな変革が予想されます。

いま、福祉目的税を導入している国はたくさんあります。アルコール税やたばこ税などが代表的ですが、その税収が医療や社会保険の財源に充てられています。そこでは当然ながら、愛煙家やお酒好きな人ほど損をしています。どんな税を財源にするかによって、得をする人と損をする人が違ってきます。その意味では、保険方式のほうが平等だと言えます。ただし、たばこやアルコールは疾病との因果関係もあり、社会保障財源、とくに医療サービスの財源に充てるのは理屈が通っているともいわれています。

●保険方式は誰に得か？

保険方式と一概に言っても、保険料の設定方法は単純ではありません。基本的には定額制と所得比例制（定率制）がありますが、その他の要素も考慮して算出する場合も少なくありません。日本では、国民健康保険や介護保険のように、自治体によって保険料が異なり、単純な所得比例制にはなっていません。そこでは、所得のほかに資産や家族構成等の要因が考慮されます。

保険料方式で最も一般的なのは、サラリーマンの所得比例制です。保険料率は、所得水準に関係なく定率です。たとえば保険料率が一〇％の場合、所得が月収二〇万円なら二万円、月収四〇万円なら四万円、月収六〇万円なら六万円の保険料になります。つまり、所得が二倍、三倍に増えれば、保険料も二倍、三倍に増えます。さらに、保険料方式では通常、標準報酬に上限と下限が設けられています。賃金には最低賃金制度があって、それ以下の賃金は違法ですから想定しなくてもよいのですが、上限以上の高額所得者は一律同額の保険料になります。

税方式と保険方式を単純に比較すれば、高額所得者にとって、保険方式は得だと言えるでしょう。逆に低所得者にとっては、どちらかと言えば保険方式は損で、税方式は得ということになります。ただし、保険原則によって、保険料を納めない人は当然ながら給付を受けられません。低所得者への税的優遇策は一般的ですが、保険料方式では保険料の免除は難しいことになります。

国民年金のように定額制の年金の場合、高額所得者には小さな負担でも、低所得者には重い負担となります。一見すれば、すべての人が同額の保険料を負担し、同額の年金を受け取るのだから平等で問題はないように思えます。しかし、家計に占める保険料負担の大きさは、高額所得者と低所得者では違います。それを考えると、決して平等とは言えません。

(3) 年金一元化で得するのは誰?

年金制度の一元化をめぐる議論が活発化しています。多くの論者は一元化を支持していますが、一部の利害者集団や専門家、実務家等のなかには、批判的な主張する人もいます。しかし、一元化については、しばしば誤った理解がなされているように思えてなりません。

一元化とは、地域や職域ごとに分立している制度を統一し、一つの制度のもとで管理することで、日本では多くの人が肯定的な意味で議論されているように思います。実際には国によって受け止め方が違うようです。たとえば、アングロサクソン系やゲルマン系の国々、そして日本では、一元化は称賛される傾向にあります。諸国民の統一は中央集権国家の根幹にかかわる事業とされ、これを平和や平等と結びつけて考える国民性からくるものでしょう。

しかし、ラテン系の国々では少し事情が違うようです。各組織や団体の自治を尊重し、国民が自主的な運用を求めるのが、こうした国々の基本的価値観になっています。たとえば、フランスでは労働組合にしろ、政党にしろ、とにかく多くの団体が並立（乱立？）する形態が望ましいとされています。これは多様な制度、多様な組織、多様な価値観を尊重する国民性によるものです。いろんな人が自由に意見を述べ、それが尊重されれば、おのずと乱立形態に落ち着く、そういう考え方なのでしょう。逆に、統一は民主主義に反するとされます。国家が介入して一律に管理することを嫌い、各組織の自治を重視するのがこれらの国の特徴です。

●なぜいま、一元化なの？

年金制度一元化を支持する人たちの賛成理由はさまざまです。しかし、そのほとんどは、なぜいまそれが必要なのかにはふれていません。それほど一元化が好ましいのであれば、もっと前から主張していてもよかったはずですが、これまではあまり聞かれなかったように思います。たしかに制度間格差が指摘されるなかで、格差是正のためには一元化が必要だという主張はかなり以前からありました。しかし、年金財政が比較的健全だった時代には鳴りをひそめていた一元化論が、年金財政の危機が囁かれるこの時期になぜ強調され出したのでしょうか。

おそらく多くの人は、年金制度の一元化が年金財政の健全化に貢献すると思っているのでしょう。しかし、一元化したからといって、年金財政が健全になるとは思えません。分立している個々の年金制度がただ一つになっても、それぞれの制度の内容が変わらなければ、総体は個々の制度の合体にすぎません。プラスアルファで何か新しいものが出てくるわけではありません。赤字状態にある年金制度がいくつ合体しようが、赤字に変わりはないのです。

一元化論で問題なのは、財政状況が異なる年金制度が一本化することで、各制度の管理責任が回避されてしまうことです。かりに財政状況がよい年金と悪い年金があるとしますと、一元化は、財政状況のよい年金から悪い年金への財源の移転をともないます。赤字を抱える小さな年金が、黒字の大きな年金に統合されれば、小さな年金の赤字責任は追及されなくなってしまいます。重要なのは、それぞれの年金が自治的な立場から、責任をもって管理運営できる基盤をつくることです。大きな渦に巻かれていれば安心だと思っているうちに、大きな年金も危うくなるでしょう。

●マジメな人が損をする？

財政状況が異なる年金制度を一元化するには、財政調整が不可避です。結局、比較的良好な財政状況にある年金から、財政危機にある年金への財政移転が必要になるでしょう。そうなると、誰が得をして誰が損をするかは明白です。財政状況が悪化している年金への加入者が得をして、比較的健全な財政運営をしている年金への加入者が損をすることになります。

実際の例を見てみましょう。国鉄共済年金は、周知のとおり大幅な赤字を抱える年金でした。赤字の原因は、年金制度自体の運営方法にあったというよりも、国鉄という組織自体の運営の失敗にありました。戦後の経済復興にあわせ、国営企業である国鉄は、採算を無視して次々に鉄道を建設していきました。そのなかには、政治家が選挙目当てに敷設したローカル線も含まれています。これによって、赤字がどんどん膨らんでいきました。そして、とうとう国が赤字を抱えきれなくなり、民営化に踏み切ったという経緯があります。民営化を通じて経営は改善の方向へ向かいましたが、年金の問題がまだ残っていました。民営化による職員数の激減で、職員構成はかつてのピラミッド型から逆ピラミッド型へ逆転し、これにともない国鉄の年金財政はますます悪化しました。ところが、年金の受給権は保持されたため、財政の再建は困難を極めました。

職域年金である**日本鉄道共済組合**の赤字は、国策の失敗に起因する人為的なものでしたが、この責任が追及されることはなく、一元化の名のもとに厚生年金へ統合されました。これは、民間サラリーマンの年金原資が、旧国鉄職員の年金制度に提供されることを正当化しました。つまり、サラリーマンの拠出した基金が、政府の失政の尻拭いのために利用されたものともみなせます。厚生年金加入者である民間の一般サラリーマンが、ツケを払わされたかたちです。日本鉄道共済組合年金が救済されたことは評価できるかもしれませんが、こういう救済のあり方でよいのでしょうか。

逆の例もあります。私学共済も一元化の名のもとに厚生年金に統合が進められてきました。私学共済は国鉄とは違って、主に戦後に急発展した若い組織が中心で、年金財政は比較的良好です。この私学共済までも厚生年金に統合するとはどういうことなのでしょうか。逆に、私学共済の年金原資が厚生年金に流れてしまうことになります。私学共済の教職員が長年にわたって貯めた年金原資が、圧倒的多数のサラリーマンの年金のために没収され、振り分けられてしまうことになります。なぜ私学で働く教職員だけが、自分たちの財を広く国民のために差し出さなければならないのでしょうか。アリが一年がかりで貯めた食べ物を、冬になってキリギリスに突然持っていかれるようなものです。

これは暴力的な権利侵害ではないでしょうか。フランスであれば、国家権力の不当な介入として大きな反発を呼ぶでしょうが、日本ではそれがないのが不思議です。たまたま財政難だからと言って、健全な年金から黒字分を全体の社会保障年金に充当しようという安易な発想は歪んだ平等主義であり、かえって国民相互の不信感を強める結果になるでしょう。それは怠け者を救うために、真面目な人が損をする構図です。


【日本鉄道共済組合】かつての三公社はそれぞれ民営化されたが、社会保障制度に関しては、旧来の共済を維持してきた。一九九七年四月一日に、日本鉄道共済、日本たばこ産業共済、日本電信電話共済の三つの共済が厚生年金に統合されることになった。このうち、とくに日本鉄道共済は、従業員構成の急変などにより財政赤字は深刻だったが、厚生年金への統合によって赤字解消が図られた。

(4) 年金の空洞化で加入者は損なの?

社会保障制度は、すべての国民に強制適用されるのが原則です。しかし実際には、この原則は揺らいでいます。「国民皆年金」「国民皆保険」はすべての国民がいずれかの年金や健康保険でカバーされているという意味で、加入の機会が保障されているということです。職域の社会保険の場合は、給料から自動的に保険料が徴収され、強制加入は容易に達成できます。ところが、地域加入を基本とする国民年金や国民健康保険については、加入等の申請が個人の手続きに従うため、全員強制加入は実質的に難しいのが現実です。

近年、国民年金の加入率、納付率が低下しており、二〇歳代では約半数しか加入していません。「年金財政が苦しくなっているのは、拠出する若者が減っているからだ。真面目に保険料を払っている人が年金を支えなければならないので、結局、われわれの負担が増加して、損をしている」という声が多くの人から聞かれます。心情的にはよく理解できるのですが、ここでちょっと冷静になってもらいたいと思います。

賦課方式のもとでは、いまの高齢者の年金財源として現役労働者の保険拠出が必要ですが、未納者が増えると、その資金が賄えなくなるおそれがあります。しかし、長期的には違う側面も見えてきます。年金に加入していなければ、年金の受給権も発生しません。保険制度である以上、これは当然です。この場合、拠出に貢献していない代わりに支出も不要であるため、ただちに年金財政に悪影響を及ぼすとは考えにくいでしょう。そればかりではなく、国民年金の給付の半分は税金で賄っていますから、年金の加入を拒否している人は、当然ながら同時に国庫負担による給付部分も放棄していることになります。したがって、国庫負担部分は年金加入者だけに提供されることになります。限られた国庫財源が年金加入者だけに分配されるのですから、年金加入者は未加入者に比べて得をすると考えられます。

非見識と言われるのを覚悟で言わせていただくなら、未加入者が増えるほど国庫負担割合は減ることになり、そのぶん年金財政も楽になる可能性があります。もちろん、最終的に無年金者に対して生活保護その他の救済策が必要になれば、そのぶんが別途国庫負担となって追加されることになり、負担が増えることも考えられます。しかし、社会保険としての年金のみを想定する限りでは、少なくとも空洞化によって財政悪化するとは簡単に言えないところもあります。

(5) 最低保障年金構想をどう考える?

最近の年金論議のなかで「最低年金」が注目されています。これだけ年金制度が成熟した日本において、年金が月に一万円とか二万円しか受給できない高齢者が増えていることが報じられています。未納、未加入期間が長かったり、何らかの理由による結果でありますが、生活保護も受給要件を満たせない場合もあり、制度設計の問題が指摘されています。ヨーロッパでは、いろいろな対応が準備されています。老齢年金制度のなかに最低保証年金が組み込まれている場合があります。または、老齢扶助という制度が生活保護とは別個に施行されている場合もあります。最後には、生活保護がすべての人に対してセーフティ・ネットとして施行されています。多くの場合、あくまでも社会保険制度の枠内で、公的扶助とは別に最低限の年金水準を保障する制度となっています。そうしたなかで、所得比例年金に最低保障年金を合体させたモデルが注目され、日本でも一部でその導入が主張されています。

近い将来、無年金者が大量に出ると予想される日本にとっては、興味深い制度です。しかし、フリーターがよい例ですが、年金の未納・未加入を長年にわたって放置してきた日本が、この期に及んで最低年金を導入するとなると、それこそ損得の議論に発展していきそうな気配です。これまで年金の保険料を払ってこなかった人が、いざ年金年齢に到達するときに、最低年金によって救われるとしたら、それは得をすると感じるでしょう。逆に、長年真面目に保険料を払い続けてきた人たちは、規定どおりの年金は受給できるものの、相対的には損をしたと感じるのではないでしょうか。無理して保険料を払い続けてきて、損をしたと思うかもしれません。

かりに国民の半分が年金をもらえないような事態になったとしたら、政府は何もしないわけにはいかなくなるでしょう。最低年金保障年金がなくて無年金となったら、セーフティ・ネットとしての生活保護しか残された救済手段はなくなります。そうなったら、生活保護財政はすぐにパンクし、機能不全に陥るでしょう。実は税の財源化も、無年金者対策とかかわって提案されてきました。「どうせ将来は政府が何とかするさ」などと達観している人はいないでしょうが、実際にはそうした損得勘定が成り立ってしまうかもしれません。

おそらく最低年金が導入される場合でも、拠出実績に応じた公平性は考慮されるでしょう。最低年金で保護されるのは最低の水準とし、拠出実績にもとづいて、より高額の年金が受け取れるような制度設計です。しかし、それでも損得上の不公平感は残るのではないでしょうか。

13 年金のある社会が得！

ここまで年金という一つの制度について、それが損なのか得なのかを、さまざまな角度から考察してきました。そして、損か得かは各人がそのときにおかれた状況によって、見方によって、あるいは時々の国の政策によって、めまぐるしく変わることが理解していただけたかと思います。年金における損得は紙一重です。しかし、将来の自分がどのような状況にあり、政府がどのような政策をとるかは未知数です。そうなると、年金が損か得かを考えること自体が無意味に思えてきます。

では、年金への加入を拒否し続けることが、はたしてよい結果を招くでしょうか。「やはり加入しておくべきだった」と後悔しても、そのときはもう遅いのです。じつは、年金という一つの制度だけで損得を考えるのは適当ではありませんし、意味もないでしょう。年金制度を支持するかしないかは、結局は社会保障制度全体、さらに言えば、福祉国家の考え方を支持するかしないかというテーマに繋がっていきます。

●年金と切っても切れない福祉国家

年金は社会保障制度の一つです。福祉国家はさまざまな社会的リスクから市民を保護するために、包括的な社会保障制度を設けています。老齢、障害、疾病、介護、失業、職場災害、遺族、貧困、児童、高齢など、各国それぞれのニーズと価値観にもとづいて社会保障を体系化しています。そもそも老齢年金だけ拒否するという選択肢は認められません。これが認められるようであれば、社会保障制度の管理・運営は非常に困難になります。すべての市民が、すべてのリスクに対して、すべての社会保障制度を包括的に強制適用されるからこそ、福祉国家がうまく機能するわけです。

日本で見られるような年金拒否は、正確には国民年金の拒否です。厚生年金は自動的に適用されますから、誰も拒否できません。国民年金についても、通常、正規のサラリーマンであれば、厚生年金に加入するのと同時に加入しますから、国民年金だけ排除することは制度的にも不可能です。

この点は、「タテ割りヨコ並び行政」という日本の制度的特質によるところも大きいでしょう。ヨーロッパの多くの国々では、社会保障制度によってA制度は適用するが、B制度は拒否するといった選択は、制度上ありえません。雇用契約を結び、そこで週労働時間が特定時間を超えると、すべての社会保障制度に自動的に強制適用されます。すべての社会保険制度がセットになっていて、このセットに入るか入らないかの、二つに一つの選択しかないのです。つまり、すべての市民が福祉国家を選択し、市民がいかなる事態に陥っても、福祉国家として各種の社会保障があらゆる手段を駆使して保護するわけです。老齢年金は保障するが、医療は保障しないなどというのでは、信頼できる福祉国家とは言えません。陥るリスクについては、誰も選ぶことはできないからです。

もし市民が加入する制度を選択できるとしたら、安定的な福祉国家は築けないでしょう。保険料が高くなったので、この制度は脱退するということが認められたなら、安定した制度はつくれませんし、健全な財政運営もできません。多くの人が加入したがらないリスクであっても、社会的には重要な制度もあるのです。

例外的ですが、アメリカのように社会保障制度のなかに医療保障が含まれていない国もあります。しかし、老齢年金だけを導入していない福祉国家は聞いたことがありません。日本の場合、健康保険は最初に導入された社会保障制度であり、広く国民から支持されていますが、だからといって、年金は任意加入にするという選択肢はありえません。一部の専門家が厚生年金の民営化を唱えており、選択肢としてはありえるかもしれませんが、年金制度の廃止に同意する人は少ないでしょう。

●年金を選択できるのでしょうか?

最後に、残された大きな課題があります。かりに年金は損か得か判断できたとしても、その判断にもとづいて行動できるのでしょうか。言い換えれば、市民一人ひとりに、年金を選択する権利があるのかということです。選択する権利がないのなら、損得論議は事実上ムダになります。

日本の現行制度を見る限り、正社員として働く労働者については、もはや年金の選択の余地はありません。職域の年金があって、採用と同時に加入が決まり、国民年金にも加入することになります。そもそも、国民年金自体が強制適用であり、選択の余地はないはずです。つまり、年金を選択する権利が市民に与えられているのかと言うと、答えは「ＮＯ」です。どの年金に加入するかの選択は自由ではありませんし、定められた年金への加入は拒否できません。ところが、手続未了や保険料未納によって、強制適用義務を行使しないことで、実際に拒否を選択することが可能になっています。年金への未加入・保険料の未納は、将来年金がもらえないだけのことで、特段の罰則も準備されていません。これは法政策レベルの問題です。

ここでもう一度、社会保険と税制を比べてみましょう。税金を納めることは国民の義務であり、外国人でも居住者であれば同様です。この義務を怠ると犯罪になります。払うお金がなければ物納で強制執行されますし、意図的に怠れば追徴課税や処罰も用意されています。社会保険についても同様に強硬な措置がとられれば、年金加入を拒否することができなくなります。

国民年金への未加入・保険料の未納問題が深刻化し、対策が論じられる際には、こうした保険料の強制徴収という手段も実際に議題にのぼりました。しかし、結局はそこまで踏み込まずに、督促状を送付したり、訪問して納付勧告をしたり、加入や納付を促す措置にとどまっているのが日本の現状です。

かつて民主党は、国民年金の税財源化を提案していました。もしこの提案が実現したら、国民は年金への未加入、保険料の未納といった行動をとることもできなくなり、すべての国民が適用対象に並んでしまいます。そうなったら、本書で考察してきた年金の損得論議は意味のないことになります。消費税を払わない人がいないように、国民年金も自動的にすべての国民に適用されることになります。もはや、未納、未加入、無年金は国民の選択肢ではなくなるのです。

では、これで議論は終焉を迎えるのかというと、新たに別の議論が浮上しそうです。これまでのように保険料を納めてきた人と納めていない人がいるなかで、一挙に税方式に切り替えられて、すべての人が年金をもらえるようになったら、これまで保険料を納めてきた人が損をしたと思い、保険料を納めなかった人は得をしたということになってしまいます。そこでまた、新たな損得論が戦わされることになります。年齢や拠出実績などの要素を年金支給額に反映させて、公平性を保つ年金を設計するのは大変な作業になるでしょう。

●年金がなかったら？

年金を損だと思う人が多くなり、年金が事実上廃止されたらどうなるでしょうか。自分で老後を計画し、準備できる人はそのほうがよいかもしれません。大金持ちの人であれば、特別に何かする必要はないでしょう。社会保障においては、高額所得者は大きな負担をしても、受け取る年金は特別多いわけでもないですから、損をしたと感じるかもしれません。だから、年金などないほうが得かもしれないと考える人もいるでしょう。

しかし実際には、そうした人はごく少数です。自己責任に委ねておいたら、圧倒的多数の人は老後を迎えるまでに十分な準備はできないでしょう。アリとキリギリスの寓話で言えば、人間は本来怠け者で、誘惑にも弱い生き物ということになりますから、キリギリスが圧倒的多数を占めることになります。お金を持てばすぐに使ってしまうかもしれませんし、長年にわたって着実に貯蓄が実行できるかどうかもあやしいところです。たくさん貯蓄があっても、何かの事故や事件がきっかけで一瞬に失うことも十分考えられます。

多くの人が、何の備えもなく老後を迎えることになったらどうなるでしょう。当然、年金はないし、みんなが生活保護に頼ることになれば、生活保護財政はたちまちパンクするでしょう。憲法で保障されている基本的人権の保障については政府が責任を負いますから、政府は急遽税金を引き上げて生活保護の財源に充てるかもしれません。そうなると当然、負担能力があるのはお金持ちの人たちということになりますが、彼らは年金があった時代以上の負担をしなければならなくなるかもしれません。それではお金持ちの人たちは大損です。やはり、すべての人が可能な限り自分の保険料を払い続けて老後に備えるよう努力することが、多くの人にとってベストだと思います。

自然界は弱肉強食です。弱い者は生存し続けることすら難しい状況にありますが、人類は違います。弱者でも、生まれてきた人は誰でも最低限の生活が保障されます。これを可能にしているのが社会保障です。社会保障がなかったら、こうした人類の基本ルールさえ成り立たなくなってしまいます。そして、年金も社会保障の重要な部分を担っています。社会保障のない社会、年金のない社会を希望する人は、いてもごく少数のはずです。いろんな事態を想定してみても、やはり年金のある社会がほとんどの人にとって一番得だと思います。

●年金は損ですか?

「年金は損ですか?」と問うことは、もともとあまり意味がありません。そのことを理解していただけたら、本書の目的は達成されたことになります。人類は年金制度を必要としています。年金制度の廃止は歴史への逆行であり、おそらく将来にわたってもありえないでしょう。私たちは年金制度に従わざるをえないのであって、個人にとって損か得かなど、考えても仕方がないことです。

個人の老齢年金を想定する場合、すでに考察しましたように、ほとんどの高齢者は拠出額以上の給付を受けて得をします。早くに亡くなる等の数少ない人が、その時点では損をしたことになります。そもそも、ごく少数の人を除いて、年金が損か得かは事前にはわかりません。人生が終わりを迎えるときにはじめて、損だったか得だったかがわかるのです。そして、たとえ特定の個人にとって損になっても得になっても、すべての人に年金は適用されなければなりません。

戦後の平和な社会は一様に、誰もが最低限の生活を保障される福祉国家をめざしてきました。福祉国家を支える多くの社会保障制度のうち、年金だけを切り離すことはできません。現代社会は福祉国家を支持し、選択しています。この社会のルールから逸脱すると、多くの個人はしっぺ返しを食うことになるでしょう。

長年働いたのに年金をもらわずに亡くなってしまったら、大損をしたと嘆くでしょうか。そのときは、扶養すべき自分に代わって、年金が家族を扶養してくれます。自分が損をしても、自分の妻や子どもや孫、友人や知人の多くが同じ年金制度で得をするわけです。それでよいのではないでしょうか。

遺族年金の対象となる家族がいなくても、自分は世の中のたくさんの人のために役立てたと思って天国に行けるに違いありません。自分の払ってきたお金が他の多くの人の役に立つのですから。老齢と言うリスクに陥らなかったのですから、年金が支給されなくても問題はありません。老後にお金を必要とする人がいなくなったのですから、これは損でも得でもありません。お金は必要な人に渡して、自分は天国に行けばよいのです。お金はこの世で使うものであり、天国では必要ありません。この世を去る人にとって、もはや損も得もありません。

翻って、個人にとっての損であっても、それは意味のある損だと言えます。火災保険に加入したけれど、生涯にわたり火事に遭うことはなかったほとんどの加入者は損をしますが、誰もその損を悔やむことなく再び加入するはずです。火事というリスクは起こらないにこしたことはないのですから。

社会保障でも同様と思います。老齢というリスクに陥って、年金制度がなくて年金が受け取れないことが一番大きな不幸であり、損でしょう。一部の人の無理解で年金制度を崩壊させてしまうことは人類の大きな損失であり、愚行だと言えます。

ビスマルクが世界で初めて国民に強制的な老齢年金を導入したのは、一八八八年でした。日本では一九六一年が国民皆年金の年ですから、まだ半世紀しかたっていません。しかし、年金制度を持つようになって以降の日本人は、明らかにそれ以前の人たちより恵まれています。年金のない時代に生きていた人は、惨めな老後を迎えていた人も多かったと思います。

年金は人類にとっても、今の社会にとっても、そして私たち一人ひとりにとっても、得となります。それがこの本の答えです。年金のある時代に生まれてきて、本当に良かったですね。

◆図表索引

●著者紹介
岡 伸一（おか　しんいち）
明治学院大学社会学部社会福祉学科教授（専門：社会保障論）。
1957年生まれ。1980年、立教大学経済学部卒業。ルーヴァンカトリック大学Ph.D（法学博士）、早稲田大学商学博士。大分大学経済学部、東洋英和女学院大学教授を経て現職。
主な著作に、『欧州統合と社会保障』（ミネルヴァ書房、1999年）、『国際社会保障論』（学文社、2005年）、『新社会保障ハンドブック』（学文社、2015年）、『グローバル化時代の社会保障』（創成社、2012年）、『欧州社会保障政策論』（晃洋書房、2016年）、ほか。

それでも年金は得だ
——若者から高齢者までの年金入門

2018年3月1日　初版第1刷発行

著　　者　岡　伸一
装　　丁　河田　純（株式会社 ネオプラン）
組　　版　天川真都（株式会社 ネオプラン）
発 行 者　木内洋育
編集担当　真田聡一郎
発 行 所　株式会社旬報社
〒162-0041 東京都新宿区早稲田鶴巻町544 中川ビル4階
Tel. 03-5579-8973　Fax. 03-5579-8975
ホームページ　http://www.junposha.com/
印刷・製本　シナノ印刷株式会社

ISBN978-4-8451-1531-0 C0036